Michèle Barrett

미셸 바렛 / 하수정

<컴북스이론총서>는
현대를 호흡하는 사상가들을 소개합니다.
단순한 사상의 축약, 해제가 아닙니다.
해당 사상가를 연구해 온 전문가가 직접
사상가의 핵심 키워드 10개를 뽑아 해설하고 비평합니다.
인간과 비인간, 현실과 가상, 문화와 야만의
경계를 넘나드는 모든 사상을 싣겠습니다.
오늘을 살아가는 모든 이의 나침반이 되겠습니다.

컴북스이론총서

미셸 바렛

하수정

대한민국, 서울, 커뮤니케이션북스, 2025

미셸 바렛

지은이 하수정
펴낸이 박영률

초판 1쇄 펴낸날 2025년 2월 26일

커뮤니케이션북스(주)
출판 등록 제313-2007-000166호(2007년 8월 17일)
02880 서울시 성북구 성북로 5-11
전화 (02) 7474 001, 팩스 (02) 736 5047
commbooks@commbooks.com
www.commbooks.com

ISBN 979-11-7307-891-0 04300

책값은 뒤표지에 표시되어 있습니다.

실천적 이론가 미셸 바렛

미셸 바렛(Michèle Barrett, 1949~)은 사회학자이자 문화 이론가, 버지니아 울프(Virginia Woolf) 연구자다. 더럼대학교에서 사회학 학사 학위를 받고, 1972년 서식스대학교에서 예술과 문학의 사회학으로 석사 학위, 1976년 동 대학에서 ≪양차 세계대전 사이의 모더니즘과 영국 사회에 대한 이론: 버지니아 울프를 중심으로(A Theory of Modernism and English Society Between Wars, with Special Reference to Virginia Woolf)≫라는 논문으로 박사 학위를 받았다. 헐대학교와 시티대학교에서 강사로 일하며 14년 동안 사회학을 가르쳤고, 1989년부터 1999년까지 시티대학교 사회학과 교수를 지냈다.

2000년에 런던대학교 퀸메리칼리지로 자리를 옮겨 영어·드라마학과 교수로서 현대 문학과 문화 이론을 주로 강의했다. 2020년부터 현재까지 퀸메리칼리지의 명예교수로 재직하면서 버지니아 울프, 미셸 푸코(Michel Foucault), 제1차 세계대전의 문화적 유산 등을 가르치고 있다.

바렛은 연구 영역에서도 사회학과 영문학, 문화 이론을 두루 섭렵하며 학술 활동과 강연을 활발히 해 왔고 다양한 프로젝트에 참여했다. 2021년 개설된 미셸 바렛 홈페이지는 '제1차 세계대전', '버지니아 울프', '사회 이론', '연구 이력' 등 네 개의 항목 아래 현재 진행 중인 연구, 과거 연구 이력 등을 매우 상세하게 소개하고 있다. 박사 학위 논문을 비롯한 몇몇 주요 논문들은 무료로 열람할 수 있는 링크를 걸어 두기도 해서 바렛이 꼼꼼하고 친절한 사람일 것이라는 인상을 준다.

이제 고령에 접어든 바렛은 최근 몇 년 동안 제1차 세계대전 전사자들을 위한 <전쟁 묘지 프로젝트(War Grave Project)>에 참여해 왔다. 영연방전쟁묘지위원회 특별위원회(Special Committee of the Commonwealth War Graves Commission)의 위원으로 활동하면서 인종차별적·민족차별적 기념 방식을 밝혀냈고, 전사자·생존자 가족 아카이브 프로젝트에 참여하면서 당사자들의 트라우마를 직접 조사 연구했다. 그 기록들을 읽다 보면 바렛의 엄청난 열정에 존경심마저 생겨난다.

버지니아 울프의 미출간 수기 원고와 타이핑된 자료들을 디지털 아카이브로 구축하려는 <울프 노트 프로젝트(WoolfNotes Project)> 또한 초기의 연구 관심사를 지속적으로 이어 가면서 울프에 대한 연구 성과를 대중과 공유하려는 바렛의 목표 의식을 잘 드러낸다.

바렛은 사회과학적 조사 방법을 따르면서도 그 형식이나 내용 면에서 매우 창의적이고 영감을 불러일으키는 이론적 실천을 수행한다. 그러한 작업 자체가 바렛이 지향하는 즐거우면서도 상상력 가득한 문화정치학의 한 사례다.

버지니아 울프와의 인연

바렛은 서식스대학교에서 박사 논문을 작성하는 동안 앤 올리비에 벨(Anne Olivier Bell)의 연구조수로 일하면서 버지니아 울프의 일기 출판을 도왔다. 앤은 울프의 조카이자 울프 전기 작가로 유명한 퀜틴 벨(Quentin Bell)의 아내다. 앤은 원래 이탈리아 미술을 전공했지만 퀜틴 벨이 울프 전기를 쓸 당시 남편의 작업을 적극 도왔으며, 그 자신 또한 울프의 일기를 정리해 다섯 권의 일기 모음집을 출판했다.

바렛은 퀜틴 벨이 서식스대학교에 예술사와 예술 이론 전공 교수로 있던 1967～1975년 석사 논문과 박사 논문을 썼으므로 자연스레 벨 부부의 작업에 참여했을 것으로 보인다. 바렛이 이에 대해 직접 진술한 내용은 없지만 필자가 추측하기에 바렛이 더럼대학교에서 서식스대학교로 옮겨 간 이유도 그곳이 울프 연구를 위한 최적의 장소였기 때문이었을 것이다. 이러한 추측을 뒷받침하는 또 다른 사실은 버지니아 울프가 죽기 전까지 남편 레너드(Leonard)와 함께 살았던 집인 멍크스 하우스(Monk's house)가 서식스대학교에서 그리 멀지 않은 곳(10킬로미터 정도 거리)에 위치해 있다는 점이다.

바렛은 버지니아 울프와 전쟁에 관한 박사 학위 논문을 제출한 이래, 1979년 울프의 에세이 모음집 ≪버지니아 울프: 여성과 글쓰기(Virginia Woolf: Women and Writing)≫를 출판하고 울프에 대한 연구 논문을 여러 편 발표했다. 최근에 다시 울프 관련 프로젝트를 수행하면서 울프 연구의 전통을 체계적으로 이어 가고 있다.

페미니즘에서 문화 연구로

바렛은 1980년대부터 약 20년 동안 페미니스트이자 사회학자로서 주목할 만한 연구 성과물들을 출간했다. 특히 1980년에 출간된 ≪오늘날의 여성 억압: 마르크스주의 페미니즘 분석의 문제점들(Women's Oppression Today:

Problems in Marxist-Feminist Analysis)≫은 1960년대의 급진주의 페미니즘과 1970년대 중반 이후 프랑스 철학자들을 중심으로 유행한 정신분석학적 페미니즘에 도전한 이론서로, 바렛의 가장 유명한 저서다. 바렛은 이 책에서 두 페미니즘이 공유하는 생물학적 성차에 기반한 섹슈얼리티 이론이 기존의 이분법적 사고를 강화할 위험이 있고 젠더차별의 사회적 구조와 원인을 밝히지 못한다는 점을 조목조목 비판한다.

그뿐 아니라 바렛은 젠더차별을 계급차별의 종속 변수로 본 당대 마르크스주의 페미니즘에도 질문을 던지면서 젠더와 계급의 불균등한 작용들을 분석했다. 또한 교육이나 가족을 비롯한 다양한 사회 제도 내에 존재하는 성역할 구분 그리고 그것과 강고하게 결합한 자본주의와 국가 권력의 메커니즘에 관심을 두면서 페미니즘 이론의 틀을 확장했다.

≪오늘날의 여성 억압≫ 이후 1980년대 후반까지 바렛은 ≪반사회적 가족(The Anti-Social Family)≫(1982) 등에서 사회주의 페미니스트로서 마르크스주의와 페미니즘의 결합 가능성을 부단히 모색했다. 루이 알튀세르(Louis Althusser)를 비판적으로 수용하면서 페미니즘의 중요한 의제를 이론화했다. 그러나 그러한 시도는 기존 페미니즘

과 마찬가지로 '백인여성중심적'이라는 비판을 직면했다. 이에 바렛은 ≪반사회적 가족≫의 1985년과 1988년 개정판에 인종과 민족 등 '여성들 간 차이'를 고려한 서문을 새롭게 덧붙였다. 여기서 바렛은 자신이 기존 저서들에서 사용한 용어들 전반에 의문을 품으면서 '여성'이라는 범주 자체가 단일하지 않으며, 성차가 반드시 '억압'을 의미하지는 않는다는 인식에 도달한다. 하지만 여성들만이 지닌 도덕성이나 적성이 있을 수도 있다고 진술하거나 그동안 자신이 비판해 왔던 생물학적 본질주의를 전적으로 포기하기에는 이르다고 말하는 등 다소 불명확한 입장을 취한다.

당시 바렛은 자신의 문제 틀을 전적으로 수정해 나가야 할 지점에 이르렀다고 판단한 듯하다. 1980년대 이후 본격화한 포스트구조주의와 흑인 페미니즘의 영향으로 페미니즘 내에서 '차이'의 문제가 진지하게 고민될 때 바렛은 자신의 이론을 완전히 뒤흔들어 당대 논의에 적극적으로 뛰어든다. 차이를 이론화하는 것은 여성들이 처한 다양한 현실적 상황을 파악하는 일이자 그 차이가 재생산되는 방식을 분석하는 일이다. 알튀세르의 이데올로기 이론과 푸코의 담론 이론은 바렛이 재현의 메커니즘 그리고 그와 결부된 권력의 속성을 잘 파악할 수 있게 했다.

바렛은 남성중심적이고 유럽중심적인 마르크스주의

이론이 그 보편성을 상실했다고 봤다. 이에 따라 사물 대신 담론에, 문화적·주관적인 개인의 경험에 관심을 보이기 시작한다. 1999년 출간한 ≪이론에서의 상상력: 문화, 글쓰기, 말 그리고 사물(Imagination in Theory: Culture, Writing, Words, and Things)≫에는 그러한 관점 변화가 잘 정리되어 있다.

이 변화의 시기는 바렛이 퀸메리칼리지에서 현대 문학과 문화 이론을 가르치기 시작한 때와 거의 맞물린다. 이 무렵은 바렛 연구 경력의 분수령을 이룬다. 이전에 20년가량 사회주의 페미니스트로서 가르치고 연구했다면, 이후 약 20년 동안은 교차적 페미니즘을 염두에 둔 새로운 문화정치학을 추구했다. 바렛의 문화정치학은 기존의 관습적 사유에 도전하는 모든 실천적 행위가 즐거워야 한다고 주장한다. 자유로운 상상을 통해 생산하고 소비하는 '문화적 환경(cultural milieu)'을 창조함으로써 예술과 문화가 페미니즘의 이름 아래 만나게 할 방법을 모색하는 것이다.

푸코는 자신이 "지적 작업이란 언제나 같은 것을 말하고 입장에서 벗어나지 않는 일이라고 주장하는 사람들과 근본적으로 다르다"고 말했다. 바렛은 이 말을 인용하면서 자신의 입장 변화를 뒷받침한다. 사회 변화를 적극 받아들이면서 기존 작업을 지속적으로 수정하고 보완해 나가는 바렛의 작업 방식은 창의적이고 개방적인 지식 공유자의 모습을 드러낸다.

이 책의 구성

이 책은 필자가 페미니즘과 문학 이론, 문화 이론이라는 주제에 관심을 두면서 처음 만난 이후 죽 접해 온 미셸 바렛의 저작과 이론을 소개한다. 이에 따라 각 장의 제목을 이루는 바렛의 핵심 개념들이 제시되는 순서는 대체로 그 개념이 담긴 저작의 출판 연도를 따른다. 내용 또한 논쟁적이라기보다는 필자가 이해한 부분을 최대한 담아 보려 노력한 작업의 결과물이다.

필자가 ≪버지니아 울프: 여성과 글쓰기≫의 서문을 읽었을 때 어느새 모더니스트 소설가로서 울프는 사라지고 여성에게 전문 직업이 어떤 의미를 지니는지 역설하는 페미니스트로서 울프의 모습이 드러났다. 필자는 그렇게 바렛을 통해 비평가이자 강연자로서 울프를 처음 만났다. 정신분석학 이론과 문학 비평을 주제로 석사 논문을 쓴 뒤 자크 라캉(Jacques Lacan)의 난해한 이론을 따라잡지 못해 극심한 좌절감에 사로잡혔을 때 만난 바렛의 ≪오늘날의 여성 억압≫과 ≪반사회적 가족≫에는 명쾌하고 현실감 넘치는 이론이 담겨 있었다.

이 책의 1장 "젠더 이데올로기"와 2장 "가족"에서는 마르크스주의의 전통 아래에서 교육받은 영국의 페미니스트가 알튀세르의 이데올로기 이론에서 찾은 문제 해결의 실마리를 다룬다. 특히 젠더 이데올로기를 재생산하는 네 가지 과정에 대한 바렛의 설명(1장)과 가족-가구 체계 이론(2장)은 필자의 두 눈을 번쩍 뜨이게 해 주었다.

3장 "섹슈얼리티"에서는 지크문트 프로이트(Sigmund Freud)의 이론이 페미니즘에 끼친 긍정적·부정적 영향과 본질주의라고 비판받아도 생물학적 차이를 포기할 수 없었던 페미니즘 이론의 역사에 대한 바렛의 분석을 정리한다. 4장 "페미니즘들"에서는 여성들 내부와 외부의 차이에 대한 개념화, 현실적 실천이 요구되는 다양한 페미니즘들에 대한 분석, 페미니스트로서 바렛이 지닌 여러 고민들을 다룬다.

5장 "포스트주의"와 6장 "담론과 진실"에서는 바렛이 차이를 개념화한 배경인 포스트구조주의와 포스트마르크스주의 그리고 푸코의 담론·진실·권력 분석을 통해 바렛이 자신의 이전 이론들과 결별한 지점을 살펴본다.

7장 "인간 본성"과 8장 "문화정치학"에서는 페미니즘 미학이 지녀야 할 성격을 규명하고 대중문화와 공유할 수 있는 즐거운 문화정치학을 지향하는 바렛의 변화한 모습을 구체적 사례들과 함께 소개한다.

9장 "버지니아 울프"와 10장 "전쟁"에서는 바렛 이론의 시작이자 끝에 해당하는 작업을 설명한다. 9장에서는 해박한 식견을 갖춘 비평가이자 서평가로서 울프의 모습을 발견하려는 바렛의 노력을 살펴본다. 10장에서는 전쟁이 인간과 문화 전반에 끼친 영향을 정신분석학과 탈식민주의 관점에서 분석하려는 바렛의 시도들을 소개한다.

필자에게 학자로서의 삶을 아직까지 이어 가고 있는 이론가를 소개하는 일은 상당히 무모한 시도라 여겨진다. 이 책이 바렛과 전혀 다른 문화권에 사는 변방의 연구자가 그의 저술을 나름대로 독서한 결과물이라는 점에서 더욱 그런 생각이 든다. 게다가 바렛의 전체 저작을 열 가지 키워드로 정리해 보려는 필자의 의도가 그중 어느 한 부분도 깊이 있게 분석하지 못한 결과로 이어진 것 같아 다소 두렵기도 하다. 어쩌면 사회학자이자 페미니스트, 문화 이론가 혹은 사회 운동가로서 다양한 이론과 삶의 궤적을 이어 온 바렛을 '이론가'라는 한 단어로 규정하고 접근하는 방식이 애초에 불가능했을지도 모른다고 생각하기도 한다.

기존 이론이나 지식을 통해 당대 현실을 더 잘 이해해

보려 하는 학자이자 실천가인 바렛을 어설프게라도 소개하고 싶은 열망이 모든 오류와 오해를 조금이나마 가려 줄지도 모른다고 스스로를 위로해 본다.

차례

일러두기

- 인명, 작품명, 저서명, 개념어 등은 한글과 함께 괄호 안에 해당 국가의 원어를 병기했습니다.
- 외래어 표기는 현행 어문규정의 외래어표기법을 따랐습니다.
- Barrett은 국립국어원 외래어표기법 용례에 “배럿”으로 올라 있으나, 실제 발음을 고려해 “바렛”으로 표기했습니다.

01
젠더 이데올로기

젠더 구분에 기반한 이데올로기는 인종, 계급, 섹슈얼리티를 가로지르며 사회·문화 전반에서 작동한다. 이 이데올로기는 가정, 학교, 직장 등에서 다양한 방식의 영역 분리로 이어지고, 이러한 분리는 대개 임금과 경력상의 차별로 이어진다. 그뿐 아니라 다양한 이데올로기적 재현을 통해 젠더가 재생산되기도 한다. 바렛은 기존 마르크스주의 페미니즘이 이데올로기를 이해하는 방식을 비판하면서 알튀세르의 이데올로기 이론이 페미니즘에 끼치는 긍정적 영향을 발견한다. 더 나아가 이데올로기와 젠더 사이의 다양한 관련 지점을 분석해 알튀세르의 이데올로기 개념을 보충하고 확장한다.

이데올로기의 상대적 자율성

알튀세르는 이데올로기가 경제에 의해 직접적으로 결정되지 않는다고 말하면서 토대가 상부구조를 결정한다는 기존 마르크스주의 이론과 결별한다. 이데올로기는 경제에 대해 자율성을 지닐 뿐 아니라 다른 상부구조와도 자율적으로 상호작용하는데, 이를 두고 알튀세르는 "이데올로기는 상대적 자율성을 가지고 있다"고 말한다.

"상대적"이라는 말은 경제가 직접적으로 상부구조의 내적 동력을 결정하지는 않는다는 뜻이다. 즉 상부구조는 생산력의 수준이나 생산관계의 성격 등에 영향을 받지만 그 토대의 변화가 곧장 상부구조의 변화로 이어지지는 않는다. 제반 사회 영역들 간에 불균등한 발전이 이루어지는 것도 이 때문이다. 그래서 오직 경제만이 상부구조의 변화를 결정짓는 순간은 결코 오지 않지만, 최종적으로 경제가 상부구조를 결정한다는 말은 가능하다(양종근, 2012: 113).

하나의 꿈 표상 속에 꿈 내용을 이루는 꿈꾸는 사람의 생각이 복합적으로 중첩되어 있듯, 모든 사회 현상은 상부구조의 서로 다른 요소들에 의해 '중층 결정'되며(over-determined), 세상은 이 중층 결정된 이데올로기를 통해 개인에게 이해되고 경험된다. 이러한 맥락에서 이데올로기는 "개인들이 자신의 실제 존재 조건들과 맺고 있는 상상적 관계의 '재현'"(Althusser, 1971: 162)이다. 이처럼 개인은 실제 역사적 현실과 직접적 관계를 맺는 것이 아니라 이데올로기라는 렌즈를 통해 일종의 상상적 관계를 맺고 있다. 따라서 우리는 현실에 대한 오인을 오인으로 인식하지 못한다.

알튀세르의 저작은 1970년대 미국과 영국의 문학 연구에 엄청난 영향을 미쳤다. 영미권 이론가들은 알튀세르의 저작 속에서 진정으로 과학적이고 정치적으로 급진적인 비판적 담론을 발견했다. 알튀세르는 1960년대 프랑스 철학자 중 가장 명백하게 마르크스주의 논리에 입각해 사유하는 사람이었다(페레터, 2014: 231). 테리 이글턴(Terry Eagleton)은 알튀세르의 저작이 "이데올로기와 상부구조의 '상대적 자율성'에 대한 관심을 통해 문화의 사회주의적 분석에 몰두하는 사람들에게 이론적으로 핵심적인 개념을 제공"한다는 점에서 매력적이라고 평가했다(페레터, 2014: 233). 프랜시스 멀헌(Francis Mulhern)에 따르면 "1960년대 말 알튀세르의 저작이 통용되면서 마르크스주의 비평에 '새로운 시작'의 가능성이 열렸다"(페레터, 2014: 234).

이 무렵 박사 학위 논문을 준비하던 바렛 역시 알튀세르의 이데올로기 이론을 수용했다. 이로써 마르크스주의 페미니즘과 알튀세르 이론 둘 다를 보충하려 시도했다. 바렛은 이데올로기 개념을 의미의 범주에 위치시켜 의미가 생산되고 도전받고 재생산되고 변형되는 과정을 아우르는 포괄적 개념으로 규정했다. 또한 이데올로기가 생산관계와 밀접하게 관련된다는 점을 밝히기 위해 이데올로기적 재현물인 문학이 생산·분배·소비·수용되는 방식에 주목했으며, 젠더 이데올로기가 문학 작품을 통해 의미화하고 지속적으로 재생산되는 방식을 분석함으로써 젠더 이데올로기가 공고해지고 지배적이 되는 과정에 주목했다.

젠더 이데올로기의 재현

젠더 이데올로기가 문학 작품을 통해 재현되는 양상을 분석하는 것은 누가 어떻게 그것을 생산하고 소비하며 그것이 누구에 의해 어떤 방식으로 분배되는지 다각도로 살피는 일이다. 여기서 페미니즘 비평은 생산관계 전반에 걸쳐 작동하는 젠더 이데올로기가 특정 성(sex)과 필연적으로 연관되어 있지는 않다는 점을 받아들이면서도 젠더 사이에 분명히 존재하는 차별을 밝혀내야 하는 어려운 과제에 직면한다. 가령 여성 작가의 작품이 반드시 페미니즘적이거나 남성 작가의 작품이 반드시 성차별주의적이지는 않지만, 두 작가가 처한 물적 조건이 성차별주의적임을 부인할 수는 없다. 바렛은 문학 생산에서 남성과 여성의 물질적 조건이 다르다는 이 명백한 문제가 최근 페미니즘 작업에서 무시되었다고 본다.

바렛에 따르면 버지니아 울프의 ≪자기만의 방(A Room of One's Own)≫은 현재까지 이 문제를 가장 체계적으로 다룬 연구서다. 울프는 이 저서에서 여성의 글쓰기를 경멸했던 당대 사회의 전반적 분위기와 비평계의 태도를 지적한다. 즉 1920년대 영국에서 문학 생산수단에 대한 여성의 접근은 제한되었고, 여성의 교육은 남자 형제들의 교육을 위해 희생되었으며, 여성은 출판업자들과 접촉하거나 자신의 작품을 배포하지 못했다. 또한 여성은 재정적 자원이 부족했던 탓에 글쓰기를 제외한 여타 예술적 생산에 참여할 수 없었다. 그나마 참여할 수 있는 글의 장르도 시나 드라마에 비해 집중력이 비교적 덜 요구되는 소설에 한정되었고, 어조 또한 지나치게 공격적이거나 방어적이 되었다 (Barrett, 1980: 103-104).

이러한 울프의 지적을 바탕으로 "물질적 조건은 선택된 예술 형태, 그 형태 내에서 취해지는 장르, 문체, 어조, 가상의 독자, 인물의 재현에 영향을 미친다"(Barrett, 1980: 103)는 결론에 도달한 바렛은 ≪자기만의 방≫에서 다뤄지지 않은 수용과 해석의 문제를 덧붙여 울프를 보충하려 한다.

바렛은 젠더 이데올로기가 어떻게 재현되는지 분석할 때, 그 목적을 비난받을 작가를 가려내거나 작가의 이데올로기를 규명하거나 특정 시기의 사회적 현실을 유추하는 데 두어서는 안 된다고 경고한다. 그러면서 젠더 이데올로기를 재생산하는 저작들에서 전개되는 과정(개념 혹은 범주)을 네 가지로 구분해 설명한다.

첫째 과정은 광고와 아동 도서에 깊숙이 침투해 성별 노동 분업을 재생산하는 젠더 '전형화(stereotyping)'다. 바렛은 프로이트의 꿈 해석에 사용된 용어를 차용해 이 과정과 관련된 여러 이미지를 "가부장제의 소원 성취(wishfulfilment of patriarchy)"라는 표현으로 묘사한다.

둘째 범주인 '보상(compensation)'은 여성성의 '도덕적 가치'를 끌어올리는 상징과 관념의 재현을 가리킨다. 이 과정은 여성을 낭만적으로 다루거나 과도하게 숭배하는 방식으로 이뤄지며, 현실에서의 체계적 차별을 '보상하는' 기능을 한다.

'공모(collusion)'라는 셋째 개념은 크게 두 형태로 나뉜다. 하나는 종속화와 대상화에 대한 여성 자신의 동의를 교

묘하게 조작하고 가장하기 위해 이뤄지는 시도들이며, 다른 하나는 여성의 자발적 동의와 억압의 내면화다.

마지막 과정인 '복원(recuperation)'은 지배 이데올로기에 독립적으로 저항하려는 한 여성이 그로부터 탈출하기 위해 결국에는 남성의 힘을 빌리는 재현 방식이다(Barrett, 1980: 108-112).

이 같은 재현 과정들을 통해 젠더 이데올로기는 인간의 일생에 깊숙이 침투해 개인의 의식을 지배하거나 조정한다. 젠더 이데올로기의 지배와 조정은 문학 작품뿐 아니라 미디어와 문화적 생산 등을 통해 지속적으로 이루어지며, 권력이나 자본 또는 둘 다와 결합할 때 더욱 강력한 영향력을 발휘한다. 이때 가족은 젠더 이데올로기가 (재)생산되고 내면화하는 최초의 강력한 공간이다.

참고문헌

루크 페레터 지음, 심세광 옮김(2014).≪루이 알튀세르의 이데올로기≫. 앨피.

양종근(2012). ≪새로운 민주주의와 헤게모니≫. 역락.

Althusser, L.(1971). *Lenin and Philosophy and Other Essays.* Brewster, B.(trans.). Monthly Review Press.

Barrett, M.(1980). *Women's Oppression Today: Problems in Marxist Feminist Analysis.* Verso.

02
가족

신부가 아버지의 손에서 신랑의 손으로 넘겨져 다른 가족의 아내가 되는 결혼식은 21세기에도 익숙한 풍경이다. 현실 속 많은 아내가 자신의 가족뿐 아니라 남편의 가족까지 문자 그대로 '먹이고 살리지만', '가족을 먹여 살리느라 바쁘다'는 말은 왠지 아직도 남성에게 더 잘 어울리는 표현처럼 여겨진다. 여성이 가족에 투여하는 시간과 노동과 정서는 남성의 그것들에 비해 그다지 값지다고 여겨지지 않기 때문이다. 바렛은 알튀세르의 '이데올로기적 국가장치' 개념을 전유해, 산업자본주의와 더불어 발달한 핵가족 형태의 남성 생계부양자-여성 양육자 모델을 가족-가구 체계라는 용어로 분석한다.

이데올로기적 국가장치로서 가족

자본가는 자본주의 권력관계를 유지하고 재생산하기 위해 생산력과 생산수단을 장악하는 시스템을 부지런히 구축하고, 노동자는 그 시스템에 저항할 때 겪게 될 불이익을 가급적 피함으로써 자발적으로 순종한다. 이러한 시스템에 사용되는 것이 바로 국가장치(state apparatuses)다. 지배 계급은 다양한 국가장치로 개인을 억압하고 종속시킨다. 알튀세르는 국가장치를 경찰, 군대, 법정, 감옥, 행정기관 등의 '억압적 국가장치(repressive state apparatuses, RSA)'와 종교, 교육, 가족, 법, 언론 등의 '이데올로기적 국가장치(ideological state apparatuses, ISA)'로 구분한다. 억압적 국가장치를 장악한 지배 계급은 자신의 이데올로기를 실현하는 데 이데올로기적 국가장치를 이용한다.

> 지배 계급의 이데올로기가 지배적 이데올로기로 되는 것은 신의 은총 덕이 아니다. 국가 권력을 거머쥐었다고 해서 되는 것도 아니다. 지배 계급의 이데올로기가 지배적 이데올로기로 되는 것은 이데올로기적 국가장치의 설치를 통해서다. 이데올로기적 국가장치 내에서 이데올로기가 실현되고 스스로를 실현하기 때문이다.(Althusser, 1971: 185)

지배 계급이 이데올로기적 국가장치를 설치하고 강화하는 과정은 이전의 지배 계급과 현재 피지배 계급에 맞서는 끈질긴 투쟁을 동반한다. 즉 이데올로기적 국가장치가 하루아침에 설치되어 효력을 발휘하는 것은 아니다. 가령 학교는 이전 사회에서 가장 강력한 이데올로기적 국가장치였던 교회를 이기고 자본주의 사회에서 가장 강력한 이데올로기적 국가장치가 되었다. "학교는 학령기에 이른 모든 계급의 아이들을 수용해, 아이들이 가족 국가장치와 교육 국가장치 사이에 끼여 가장 '민감한 감수성을 보일 때'인 수년 동안 온갖 방법을 동원해 지배 이데올로기를 반복적으로 주입한다."(Althusser, 1971: 155)

바렛은 알튀세르가 슬쩍 언급만 하고 지나친 이데올로기적 국가장치로서 가족에 주목한다. 오늘날 가족은 "부서진 짐마차나 희미한 옛 시절의 그림자처럼" 그려지지만, 그러한 묘사는 전적으로 잘못되었다고 평가한다. 그러면서 가족이라는 제도가 사회적 삶의 다양하게 얽힌 구조들에 스며들어 그것들을 하나로 통일하는 대단히 중요하고 지배적인 사회적 의미의 복합체를 제공한다고 주장한다(Barrett & McIntosh, 1991: 29).

가족은 이데올로기와 경제가 만나는 중요한 지점이다. 국가는 가족이라는 이데올로기적 장치를 이용해 남성 생계부양자-여성 양육자 모델에 근거한 가족 임금과 남녀 임금 차이를 합리화한다. 아울러 그러한 핵가족의 상을 이상화하도록 추동한다. 게다가 가족 이데올로기는 학교와 대중 매체 등 다른 이데올로기적 국가장치를 통해 강화되고 재생산된다. 그 결과 결혼과 가족의 밑바닥 깊숙이 뿌리내린 젠더의 지배적 의미가 각 구성원에게 학습되어 내면화된다. 바렛은 다음과 같이 지적한다. “남성성과 여성성을 구성하고, 이성애적 순응을 향한 성향을 부추기려 압력을 가하는 데 결정적 역할을 한다는 점에서 페미니스트들이 가족을 젠더 사회화, 궁극적으로 여성 억압의 대행자로 지적했다는 것은 그리 놀랄 만한 일이 아니다.”(Barrett, 1980: 207)

이처럼 가족은 사회화 기관이자 자본주의 이데올로기와 사회관계를 재생산하기 위한 핵심 제도다. 그뿐 아니라 가족은 개인적 욕망과 섹슈얼리티가 실현되는 구체적이고 현실적인 공간이기도 하다. 따라서 자본주의로부터 소외된 노동 계급은 가족에 열렬한 지지를 보내며, 가족 내 젠더 분업이나 이성애와 결혼을 비판하는 페미니스트조차 극단적 반가족주의자를 자처하지는 않는다. 이런 맥락에서 가족은 젠더만큼이나 문제적 이슈다.

바렛은 언제나 거기 있어 왔던 것처럼 여겨지는 ‘핵가

족'이 사실은 19세기 서구 백인 부르주아 계급의 발명품이라는 점과, 지극히 개인주의적 영역인 것 같지만 그 배후에 국가가 상당히 깊이 개입하는 사회적 제도라는 점을 지속적으로 상기시킨다. 또한 현재 지배적인 가족 모델이 결코 영원히 지속되지도, 모든 문화에 통용되지도 않으리라는 점을 기억해야 한다고 주장한다(Barrett & McIntosh, 1991: 29).

특히 문화적 차이와 관련해 바렛과 메리 매킨토시(Mary McIntosh)는 영국 내 서인도제도 출신 이민자 가족에서 남성 생계부양자-여성 양육자 모델이 현실과 상당히 동떨어져 있다는 사실을 밝혀냈다. 서인도제도 출신 여성은 전업 노동에 종사하는 비율이 백인 영국 여성보다 월등히 높았고, 가정의 생계부양자인 경우가 훨씬 많았다. 한편 서인도제도 출신 남성의 임금은 전반적으로 백인 남성보다 낮았지만, 서인도제도 출신 여성의 평균 주급은 백인 여성보다 훨씬 높았다(Barrett & McIntosh, 1985: 30-31). 이러한 분석은 서구 백인중심적 이론에 대한 자기비판을 뒷받침하며, 젠더와 인종이 자본주의와 맞물리는 복잡한 양상을 드러낸다.

가족-가구 체계와 가족정치학

산업자본주의의 발달과 더불어 일터와 집이 분리되면서 핵가족은 냉혹한 바깥세상으로부터 개인을 보호하는 가장 사적이고 평온한 안식처로 여겨져 왔다. 이로써 핵가족 모델은 이상적 사회 제도이자 개별 인생의 목표 지점이 되었다. 또한 바렛에 따르면 "이상화됐지만 결함이 있고, 완벽하지만 개인적 흠이 있는 영국 왕가의 가족생활은, 가족생활이란 모름지기 그래야 한다고 들어 온 것과 실제로 자주 경험하는 가족생활 사이의 모순이 다뤄지는 방식의 재현"(Barrett & McIntosh, 1991: 32)이다.

여성은 유급노동 참여 여부와 무관하게 가족 내에서 청소하고 요리하고 바느질하는 일과 아이를 돌보는 일 대부분을 담당한다. 이는 온화하고 자기희생적이고 근면한, 좋은 어머니의 자질과 관련된다. 반면 좋은 아버지가 되는 것은 아이들의 점심 도시락을 싸거나 아이의 기저귀를 갈아주는 일과 거의 연관되지 않는다(코넬·피어스, 2021: 17).

젠더에 기반한 노동 분업은 가족 밖 사회에도 그대로 적용된다. 기혼 여성은 저임금, 최소한의 훈련, 노동 유연성 등을 특징으로 하는 '부차적' 노동시장 영역에 진입할 가능성이 높고, 이러한 비전문직 노동 현장에서 여성들은 대개 돌보기, 청소, 정리 등 가사노동과 유사한 형태의 직무를 담당한다. 그 결과 소득이 낮은 기혼 여성은 가족 안팎에서 유사한 형태의 노동에 대한 사회적 압력을 경험하게 된다.

한편 직업 세계에서 전문직 여성으로서 살아남으려면 남성처럼 행동해야 한다. 1990년대 세계적 첨단 기술 기업에서 일하는 여성 관리자들을 연구한 주디 와이즈먼(Judy Wajcman)은 그들이 오랜 시간 일하고, 사무실에서 벌어지는 전쟁에서 전투를 벌이고, 부하 직원들에게 압력을 가하고, 이익에 집중하기 위해 가정생활을 재구조화해야 했다는 사실을 발견했다. 이는 고위직 대다수를 차지한 남성 관리자들이 경영을 '핵가족과 남성 생계부양자 모델에 따라 형성된' 남성의 사업으로 자연스럽게 받아들였기 때문이기도 하다(코넬·피어스, 2021: 267).

육아, 요리, 가사의 책임을 면제받기 위해 가정생활을 재구조화하려는 전문직 여성의 시도는 대개 가족 내 갈등을 유발한다. 그러나 남성 대다수는 가정생활을 재조정할 필요성을 느끼지 않으면서 직업 세계에 진입한다. 양육이나 가사는 남성에게 일종의 서비스처럼 여겨질 때도 많다. 자본주의 직업 세계는 가부장적 젠더 관계에 따라 차별적으로 구성되지만, 그러한 차별은 가족 내 차별이 그러하듯

그저 '우리는 한 가족'이라는 이름 아래 용인되거나 감내해야 할 무언가로 여겨진다. 가족은 다소의 결함과 흠을 가진 이상적 완전체이기 때문이다.

그뿐 아니라 아동 보호 시설이나 아동용 도서 또는 교육 프로그램, 드라마, 광고에 이르기까지 사회의 여러 제도나 문화적 생산물에서 가족은 반드시 지켜 내야 할 신성한 무언가로 여겨진다. 바렛은 사적인 가족과 전적으로 대비된다고 여겨지는 다양한 사회 제도와 에토스에서 가족생활의 구조와 가치들이 중요한 역할을 담당하는 현상에 대해 "가족이 사회적으로 구성되어 왔듯, 사회도 가족화해 왔다"(Barrett & McIntosh, 1991: 31)고 표현한다. 실로 가족은 국가와 사회를 지탱하는 공고한 이데올로기이자 이데올로기적 장치, 경제 단위다.

바렛은 매킨토시의 '가족-가구(family-household)'라는 용어를 사용해 '가족'이 사회·경제 제도와 이데올로기의 결합물임을 분명히 드러낸다. 가족-가구 체계는 젠더 차이와 여성 억압이 구성되는 이데올로기적 기반인 동시에 남성과 여성이 임금 노동과 계급 구조에 각기 다르게 종사하는 물질적 관계가 발생하는 핵심 공간이다(Barrett, 1980: 211). 이 이중적 관계성을 파악하는 것이 가족에 대한 논의의 중요한 출발점이다. 하지만 바렛은 자본주의와 핵가족 형태의 연관성에 집중해 가족-가구 체계를 분석할 때 경계해야 할 점 역시 지적한다. 자칫하면 자본주의 이전의 가족 형태를 이상화하거나 자본주의의 모든 해악을 '자본주의적 가족'에 투사하는 경향이 나타날 수 있기 때문이다(Barrett & McIntosh, 1991: 90).

또한 전체적으로 봤을 때 가족-가구 체계는 자본주의에 이득이 되지 않는다. 소비 영역에서나 노동 계급 남성, 부르주아 계급 대다수에게는 어느 정도 이득이 되지만 가족 임금의 혜택을 받지 못하는 여성 노동자나 고향에 가족-가구를 둔 이주 노동자에게는 실질적 이득을 거의 가져다주지 못하기 때문이다. 가족-가구 체계는 이처럼 인종적·민족적 다양성 전체를 반영하고 있지 않으며 성 정체성도 충분히 고려하지 않는다.

그럼에도 가족-가구 체계는 여전히 공고하게 유지되고 있다. 또한 그것은 이데올로기적 국가장치로서 가족이 지닌 특수성을 상당히 잘 설명할 수 있는 분석 틀이다. 바렛은 ≪반사회적 가족≫ 4장에서 이러한 전제하에 가족-가구 체계를 좀 더 올바르게 유지하기 위한 실천 전략을 제시한다. 이 전략은 현재에도 유효하며, 이미 진행되고 있거나 그렇지 않다면 추구해야 할 가족정치학이다.

바렛과 매킨토시는 결혼과 가족 형태의 다양성을 장려

하고, 그 어떤 억압 관계에도 참여하지 말아야 한다고 말하며, 가정성(domesticity)을 경계해야 한다고 주장한다. 그러면서 '가족 임금' 대신 '생활 임금'을 벌 수 있는 사회, 자녀 돌봄이 누군가의 희생이 되지 않는 사회, 아이 돌봄 수당과 '간병 수당(attendance allowance)'이 확장되고 돌봄 활동이 집단적으로 조직되어 돌봄이 한 개인의 전면적 희생을 필요로 하지 않는 사회, 노인과 환자를 위한 건강 서비스 제도가 개선되고 가난한 사람들도 질 좋은 공공 임대 주택에서 살아갈 수 있는 사회, 친권과 이성애 중심의 가족법이 개정되고 국가의 교육 정책이 부모에게 책임을 전가하지 않는 사회, 교육의 불평등성과 평등성을 둘러싼 토론이 이루어지는 사회를 꿈꾼다.

참고문헌

래윈 코넬·리베카 피어스 지음, 유정미 옮김(2021). ≪젠더: 젠더를 둘러싼 논쟁과 사상의 지도 그리기≫. 현실문화.

Althusser, L.(1971). *Lenin and Philosophy and Other Essays.* Brewster, B.(trans.). Monthly Review Press.

Barrett, M.(1980). *Women's Oppression Today: Problems in Marxist Feminist Analysis.* Verso.

Barrett, M. & McIntosh, M.(1985). Ethnocentrism and Socialist-Feminist Theory. *Feminist Review, 20*(summer), pp. 23-47.

Barrett, M. & McIntosh, M.(1991). *The Anti-Social Family*(2nd ed.). Verso.

03
섹슈얼리티

섹슈얼리티는 젠더와 가족 못지않은 사회학과 페미니즘의 중심 이슈다. 메리 울스턴크래프트에게서 시작된 페미니즘 초기 이론은 남성과 여성의 생물학적 차이에 기반한 젠더차별을 다루었기 때문에 이성애를 당연시했다. 하지만 섹슈얼리티는 생물학에 기반하지도, 남성성 대 여성성이라는 젠더 구분을 따르지도 않는다. 섹슈얼리티는 지극히 개인적이면서도 사회적 규범에 영향을 받는 복잡한 개념이다. 바렛은 프로이트 이론에서 비롯한 섹슈얼리티 논의들을 비판적으로 분석하면서 여성성의 의미를 폭넓게 사유한다.

프로이트주의

가정과 일터가 분리되기 시작한 산업자본주의 초기에 중산층 가족은 시장이라는 비정한 세계에서 벗어난 내적 친밀함의 안식처였다. 가족 구성원들은 그 안식처 안에서 자기에게 주어진 역할을 충실히 수행하려고 노력했다. 하지만 19세기 후반에서 20세기 초에 발달하기 시작한 유흥 공간과 예술 문화 공간은 가족에 대한 충실성에서 벗어나 개인의 욕망을 발산할 새로운 무대를 제공했다. 이와 더불어 섹슈얼리티와 관련된 성 정체성이 중요한 이슈로 대두했다. 정신분석은 "이 새로운 열망의 이론이자 실천이었고, 원래 가족에 뿌리내리고 있던 권위의 무의식적 이미지에서 해방된 개인의 삶을 가능하게 했다"(자레츠키, 2022: 20).

섹슈얼리티는 지극히 개인적인 것으로, 생물학적 성차와 반드시 일치하지는 않으며 젠더와도 구별된다. 바렛에 따르면 "섹슈얼리티는 파악하기 어려운 연구 대상으로 악명 높다. 그것은 우리의 눈앞에서 생물학으로부터 시로, 다시 그 반대로 미끄러진다"(Barrett, 1980: 42). 근대화를 추동한 이성 중심의 계몽주의 사유 체계에서 남성은 합리적·자율적·능동적 주체로, 여성은 그 반대의 성격을 지닌 존재로 간주되었다. 이러한 체계하에서 생물학에 기초한 고전적 마르크스주의는 섹슈얼리티를 생식과 양육이 발생하는 사적 영역으로 보면서 그것이 공적 영역보다 덜 중요하다고 여겼다.

섹슈얼리티를 마르크스주의의 문제 틀 안으로 끌어들인 사람은 프리드리히 엥겔스(Friedrich Engels)였다. 엥겔스는 섹슈얼리티의 차별적 구성이 남성의 영역과 여성의 영역이 엄격히 구분된 부르주아 계급에만 해당할 뿐, 남녀간 동등한 노동이 이루어지는 프롤레타리아 계급에는 진정한 성과 사랑이 존재한다고 주장했다. 하지만 이 주장은 현실을 지나치게 단순화했다. 프롤레타리아 계급도 사실상 남성이 섹슈얼리티의 중심이었고, 프롤레타리아 여성은 공적 노동에 출산·양육·가사노동 등 사적 노동이 더해진 이중, 삼중의 노동에 시달렸다. 엥겔스가 보여 주듯 섹슈얼리티에 대한 이해는 기본적으로 남성 중심의 이분법적 이해에 기반한다.

프로이트는 이러한 기존 섹슈얼리티 관념에 의문을 품고 무의식적 억압과 '억압된 것의' 회귀 등에 주목했다. 이로써 페미니즘과 마르크스주의 이론의 발전에 영감을 주고 엄청난 영향력을 행사했다. 프로이트는 오이디푸스 콤플렉스와 그 해소에 관한 이론을 통해 이성애중심적 발달이 궁극적으로는 정상적 과정임을 밝혀냈다. 하지만 프로이트가 이론화 과정에서 보여 준 다양한 분석들과 무의식 개념은 그가 가장 문제시하고 도전한 대상이 이분법적 전통이었음을 드러낸다. 특히 유아기의 섹슈얼리티가 지닌 양성성이나 무의식적 욕망에 대한 가설들은 당시 종교재판감으로 여겨질 만큼 빈 기성 사회에 엄청난 충격을 주었다.

알튀세르는 기성 권력의 위선을 비판하면서 프로이트를 다음과 같이 평했다. "프로이트가 인간 주체 내에서 무의식적 효과들의 발현(manifestation), 통제(control), 변형(transformation)의 새로운 조건들을 발견했다는 사실을 아는 것이 중요하다. 또한 그 발견은 그 자체로 이미 경이로운 일로서, 만약 그것이 없었다면 우리는 아직 장마르탱 샤르코(Jean-Martin Charcot)와 이폴리트 베르넴(Hippolyte Bernheim)의 최면술에 머물러 있을 것이기 때문이다."(Althusser, 1996: 89) 이러한 평가는 프로이트의 무의식 개념이 의식적 자아의 완전함에 대한 신화를 무너뜨리고 정상 속에 내재한 비정상을 발견해 정상/비정상의 경계를 무너뜨리는 전복적 개념일 수 있음을 시사한다.

줄리엣 미첼(Juliet Mitchell)은 프로이트의 이론이 "사회 내 섹슈얼리티와 젠더 차이들의 의미·장소에 대한 분석을 제공해 준다"(Mitchell & Rose, 1982: xxii)거나 "프로이트가 기술하는 팔루스(phallus. 생물학적 남성의 생식기)는 해부학적 기관이 아니라 인간의 보편적 문화와 그에 대한 인간들의 관념들이며, 그의 이론은 가부장적 사회에 대한 추천이 아니라 그에 대한 분석이다"(Mitchell & Rose, 1982: xv)라고 주장하면서 프로이트를 적극 옹호한다. 미첼은 프로이트의 이론이 가부장제를 이데올로기로 볼 수 있게 해 섹슈얼리티에 대한 기존 관념을 생물학으로부터 분리하는 데 기여했다고 본다.

한편 일라이 자레츠키(Eli Zaretsky)는 정신분석학이 지닌 긍정적인 면과 부정적인 면을 다음과 같이 평가한다.

> 궁극적으로 정신분석은 지배 권력의 원천으로부터 주변화되거나 배제된 사람들과 이 체험에 투사된 사람들, 즉 가족에 얽매인 사람, 동성애라는 하류 문화를 살아가는 사람, 게토의 유대인, 전직 하인인 도시의 이웃 주민들, 유배와 디아스포라의 상태에 있는 사람들, 조국이 없는 사람들에게 큰 의미를 지녔지만, 이러한 부류의 사람들이 정신분석으로부터 가장 적은 혜택을 받았다는 것은 정신분석 역사에서 아이러니한 부분 중 하나다.(자레츠키, 2022: 108)

자레츠키의 지적대로 프로이트에게서 출발한 정신분석학은 이후 세대의 이론가들에게 큰 영향을 끼치면서 확장되었고 다양한 의미로 해석되었다. 그럼에도 현실 사회에서 섹슈얼리티는 개인의 자유를 뺏는 억압의 기제로 더 많이 이용되어 왔다.

장애인의 성, 성폭력, 매춘, 포르노, 성소수자 차별 등 고정된 젠더 관념이 자본이나 일정한 권력 구도와 결탁할 때 남성중심적 이성애에 기반한 섹슈얼리티 개념은 지지되고 강화된다. 2017년 할리우드에서 시작된 '해시태그 미투(#Me, too)' 운동은 권력에 힘입은 남성성 앞에서 여성성이 얼마나 취약한지 폭로한 충격적 사건이었다. 도대체 여성이란 어떤 존재이며, '여성성'의 의미는 무엇일까.

여성성

프로이트는 "여성의 섹슈얼리티(Female Sexuality)"라는 논문에서 오이디푸스 콤플렉스의 보편성에 대한 주장을 철회하면서 오이디푸스 이전(pre-Oedipal) 단계에서 여아가 보이는 두 가지 특수성을 주목한다. 하나는 어머니에 대한 지속적이고 강렬한 애착이고 다른 하나는 여성의 성기관이 지닌 특징이다. 이를 통해 프로이트는 인간이 해부학적으로 양성성을 나타내며, 그 성향은 남성보다 여성에게서 훨씬 더 선명하게 부각된다고 결론짓는다(Freud, 1953a: 226). 한편 심리학적으로는 여전히 '남성적'은 '적극적' 특성으로, '여성적'은 '수동적' 특성으로 인지된다는 점을 강조한다. 이에 따라 여성은 수동적 성 행위를 선호하고 사회적 관습의 압력 때문에 더욱더 수동적인 목적을 띠게 된다고 주장한다.

프로이트는 "여성성(Femininity)"이라는 논문에서는 '남아와 여아가 동일한 과정을 겪음에도 왜 여아만이 사랑의 대상을 어머니에서 아버지로 바꾸는가'라는 스스로의 질문에 "소녀만의 특이성"이라는 말로 얼버무리고 넘어간다(Freud, 1953b: 124). 또한 팔루스의 결핍이 여성성에 영향을 미친다는 자신의 믿음이 고정 관념이라 하더라도 "아무런 할 말이 없다"(Freud, 1953b: 132)고 말하면서 한 발 물러서는 태도를 보인다.

바렛은 프로이트가 남성이 여성적일 수 있고, 여성이 남성적일 수도 있다고 주장하면서 그의 저작 전반에 걸쳐 생물학적 남성(maleness)과 적극성을, 생물학적 여성(femaleness)과 수동성을 동일시하는 데 도전했다는 점은 인정한다. 하지만 프로이트가 왜 수동성의 원칙이 여성적이고 적극성의 원칙이 남성적인지 충분히 설명하지 않음으로써 젠더와 섹슈얼리티를 체계적으로 뒤섞고 있다고 비판한다(Barrett, 1980: 56). 그럼에도 바렛은 프로이트 이론이 드러내는 여성성의 의미를 정리하면서 재고의 여지를 남긴다.

그[프로이트]에 따르면 여성성의 취득은 여성의 성적 쾌락의 장소를 음핵에서 질로 이전하는 데 결정적이며, 그 과정은 적극적 섹슈얼리티에 대한 수동적 섹슈얼리티의 우세를 동반한다. 둘째, 여성은 오이디푸스 상황이 깔끔하게 해소되지 않았기 때문에, 문화적·윤리적 구속인 '아버지의 법'을 남성보다 완전하게 수용하지 못한다.… 마지막으로 프로이트는 생물학적 성과 구별되는 것으로서 젠더 문제를 매우 의식했지만 결코 만족스럽게 해결하지 못했다. 1905년 그는 '리비도는 남성적 성격을 띠지만, 여성과 남성 모두에게 발생하고 그 대상도 남성과 여성 모두에 해당한다'고 이야기했다. 1915년에는 '남성적인'과 '여성적인'이 과학에서 가장 혼돈한 개념이며 인간 존재에서 순수한 남성성이나 여성성은 심리학적 의미로도 발견되지 않는다고 이야기했다. 1930년에 그는 '우리는 지금까지 지나치게 즉각적으로 적극성과 남성성을, 수동성과 여성성을 동일시했지만, 그것은 동물의 왕국에서는 결코 보편적으로 인정되지 않는다'고 이야기했다.(Barrett, 1980: 82-83)

이렇듯 바렛은 프로이트가 여성성의 정의에 대해 지속적으로 자문했지만 그것을 결코 이해할 수 없는 난해한 개념 혹은 대상으로 인식했다고 결론짓는다.

라캉은 섹슈얼리티 개념을 상징계로의 진입, 즉 성적 성체성을 기표로 받아들이는 과정과 연결 지어 설명함으로써 프로이트를 생물학으로부터 구출한다. 라캉에 따르면 여성에게는 팔루스가 절대적으로 기능하지 않기 때문에 여성은 상징계로 완전히 진입하지 않는다. 라캉이 "'본질적인 여성(The woman)'은 없으며, 그녀는 전체(all)가 아니다"(Mitchell & Rose, 1982: 144)라고 말할 때 여성이 본질에서 이탈해 있다는 것은 팔루스의 결여가 아니라 팔루스의 잉여 또는 잔여물과 관련된다. 다시 말해 여성은 보충적 주이상스(supplementary jouissance)를 가짐으로써 팔루스를 넘어 자신만의 주이상스를 다양한 방식으로 소유하고 유지한다.

뤼스 이리가레(Luce Irigaray)와 엘렌 식수(Hélène Cixous)를 위시해 '여성적 글쓰기'를 주장한 프랑스 페미니스트들은 프로이트와 라캉을 보완 또는 수정하면서 타자로서의 여성성을 '제2의 성'이 아니라 '제1의 성'으로 확립하려 했다. 그들은 '차이'로 여성의 섹슈얼리티를 정의하며, 여성성이 라캉의 상상계에 기반하지만 동일성의 공간과는 다른 여성적 상상계인 '복수성'의 공간 안에 존재한다고 본다. 가령 이리가레는 "그녀는 하나도 아니고 둘도 아니다. 엄격히 말해 그녀는 이 사람 혹은 저 사람으로 규정될 수 없다. 그녀는 모든 적절한 정의를 거부한다. 더욱이 그녀에게는 '고유한' 이름이 없다"(Irigaray, 1985: 26)고 말한다. 이러한 여성성의 특징에 기반해 이분법을 초월한 분리와 동맹의 가능성을 꿈꾼다.

바렛은 이러한 프랑스 페미니즘의 흐름을 '부성중심적(patricentric) 정신분석학의 페미니즘 버전'이라 부른다. 그러면서 그 부성중심적 성격을 오이디푸스 이전 단계와 라캉의 상상계에 기반한 낸시 초도로(Nancy Chodorow)나 멜라니 클라인(Melanie Klein) 등의 대상관계 이론(object relations theory)이 띠는 '모성중심적(matricentric)' 성격과 구분한다(Barrett, 1999: 127).

바렛은 정신분석학이 새로운 성 정체성과 행위를 고려해 성차의 지평을 확장할 가능성이나 민족·인종·종교 차원에서 의미 있는 관점을 던져 줄 가능성에 다소 회의적이다. 그 대신 섹슈얼리티가 현실 속에서 다르게 구현되는 양상을 살핀다. 가령 수동성을 여성성과 연결하는 것은 극히 백인여성중심적인 개념이며, 진 리스(Jean Rhys)의 ≪드넓은 사르가소 바다(Wide Sargasso Sea)≫에서 보이듯 흑인 여성의 섹슈얼리티가 매우 적극적이고 남성적인 것으로 묘사되면서 인종차별에 이용된다고 지적한다(Barrett & McIntosh, 1985: 40).

아울러 바렛은 국가가 섹슈얼리티와 생식에 깊이 관련되어 있다는 점을 발견한다. 바렛에 따르면 국가는 결혼, 이혼, 가정 내 폭력, 강간, 매춘, 포르노, 근친상간, 동성애, 사춘기 여성 난교 등 모든 부문에서 공과 사의 구별이 어려울 정도로 개인의 섹슈얼리티에 개입한다(Barrett, 1980: 78). 국가는 섹슈얼리티를 규제하는 법적 규약뿐 아니라 섹슈얼리티의 문화적 재현에도 일정한 통제력을 행사한다. 어떤 때는 제한하고 어떤 때는 장려하는 온갖 형태의 출산 정책, 이성애 부부에게 유리한 주거 정책과 의료 보건 정책, 동성애 결혼 금지, 포르노에 대한 검열 기준 마련 등은 국가와 개인 섹슈얼리티 사이의 깊은 연관성을 보여 준다. 이런 문제들을 해결하려면 실행 가능한 페미니즘 이론, 실천으로서 페미니즘이 필요하다.

참고문헌

일라이 자레츠키 지음, 권오룡 옮김(2022). ≪프로이트와 20세기: 정신분석의 사회문화적 역사≫. 문학과지성사.

Althusser, L.(1996). *Writings on Psychoanalysis: Freud and Lacan.* Corpet, O. & Matheron, F.(eds.). Mehlman, J.(trans.). Columbia UP.

Barrett, M.(1980). *Women's Oppression Today: Problems in Marxist Feminist Analysis.* Verso.

Barrett, M.(1999). *Imagination in Theory: Culture, Writing, Words, and Things.* New York UP.

Barrett, M. & McIntosh, M.(1985). Ethnocentrism and Socialist-Feminist Theory. *Feminist Review, 20*(summer), pp. 23-47.

Frued, S.(1953a). Female Sexuality. *The Standard Edition of the Complete Psychological Works of Sigmund Freud. Vol. XXI.* Strachey, J.(trans.). The Hogarth Press.

Freud, S.(1953b). Femininity. *The Standard Edition of the Complete Psychological Works of Sigmund Freud. Vol. XIX.* Strachey, J.(trans.). The Hogarth Press.

Irigaray, L.(1985). *This Sex Which Is Not One.* Porter, C.(trans.). Cornell UP.

Mitchell, J. & Rose, J.(eds.)(1982). *Feminine Sexuality: Jacques Lacan and the école freudienne.* Pantheon Book.

04
페미니즘들

남녀가 인간으로서 평등하다는 계몽주의적 신념에서 출발한 페미니즘은 참정권 운동에서 처음으로 꽃피었다. 이후 독자적으로 또는 노동, 평화, 환경, 인종차별, 탈식민 등 여러 영역의 사회 운동과 결합하면서 현실을 변화시키는 실천에 참여하려고 노력해 왔다. 페미니즘 이론은 차별을 가시화하는 마르크스주의에 영향을 받아 시대에 따라 변화하는 사유 체계의 흐름에 맞춰 입장을 수정하거나 보완해 왔다. 1980년대에 '사회주의 페미니스트'로 출발한 바렛은 1990년대 이후 저작들에서 인종차별 문제와 탈식민주의 그리고 포스트모던 문화 이론에 깊이 개입하면서 '페미니즘들'을 이론화한다.

반본질주의

데버라 캐머런(Deborah Cameron)에 따르면 서로 다를 뿐 아니라 양립 불가능한 여러 신념과 관심사를 페미니즘이라는 하나의 우산 아래 모이게 하는 원칙이란 없다. 하지만 분명히 여성은 단지 여성이라는 이유로 부당함을 겪고 체계화한 불이익을 받는다. 그러한 예속은 불가피하지도 바람직하지도 않기 때문에 정치적 행동을 통해 바뀔 수 있고 바뀌어야 한다(캐머런, 2022: 16-17). 캐머런은 여성의 종속과 억압이 현재 진행형이며 페미니즘에서 단 하나의 공통분모로 존재하고 존재할 수밖에 없다는 사실을 인정해야 한다고 주장한다.

바렛 또한 여성의 종속적 지위에 대한 의문에서 출발했으며, 그 출발점으로 마르크스주의를 선택했다. 그런데 바렛은 1986년 ≪페미니스트 리뷰(Feminist Review)≫ 좌담이나 그 이후 여러 논문에서 밝혔듯 마르크스주의와 페미니즘의 결합이 결국 불가능하다고 보았다.

> 마르크스주의는 서로 다른 사회에서의 여성 억압 형태를 아주 잘 설명할 수 있지만, 정말로 왜 여성들이 우리가 알고 있는 모든 사회에서 억압받아야 하는지 설명하지는 못합니다.

> 마르크스주의와 페미니즘은 서로 다른 것을 설명하려는 별개의 이론들이며, 어느 누구도 그것들을 만족스럽게 화해시키지는 못했습니다.(Connolly & Segal, 1986: 18)

이러한 회의적 태도는 바렛이 ≪이론에서의 상상력≫ 8장 “마르크스주의/페미니즘의 만남을 다시 생각하기(Rethinking the Marxist/Feminist Encounter)”에서 1980년판 ≪오늘날의 여성 억압≫을 재분석한 데서도 드러난다. 바렛은 자기비판을 통해 세상을 이해할 목적으로 마르크스주의와 페미니즘을 화해시키려는 지적 기획은 포기되었으며, 사회주의 페미니즘의 영향력이 지속적으로 줄어들고 있다고 판단했다. 성차별과 계급의 문제를 동시에 해결해 보려 했던 사회주의 페미니즘은 이제 계급, 불평등, 가난, 착취의 문제를 더 광범하게 제기하고 있는 흑인 페미니즘에 자리를 내주고 있으며, 생물학적 본질주의와 관련되었던 ‘몸’도 그 사회적 의미가 변화했다고 정확히 분석했다.

그러한 흐름의 배후에는 정신분석학과 포스트구조주의, 탈식민주의의 이론적 영향이 자리한다. 바렛은 ‘성/젠더 구분’, ‘가부장제’ 분석 혹은 ‘남성 시선’ 등 현대 페미니즘이 신뢰했던 모든 범주가 ‘유동성’과 ‘우연성(contingency)’에 대한 ‘해체적’ 강조로 인해 급격히 훼손되었다고 말한다.

그러나 이러한 훼손을 부정적 시각으로 보기보다는 페미니즘 이론의 패러다임이 전환된 계기로 파악했다(Barrett & Phillips, 1992: 202).

새로운 이론들은 익숙한 가치의 위계질서나 의미 체계에 의문을 품으면서, 세상을 기존과 전혀 다른 시각으로 볼 수 있게 하는 근거를 마련했다. 이러한 시선은 페미니즘에서 세상의 여성들이 서로 다른 상황에 처해 있으며, 이들이 겪는 차별의 양상 또한 다르다는 인식으로 확장되었다. 그래서 오늘날 페미니즘에는 인종, 민족, 종교, 계급, 성 정체성 등 다양한 경험의 영향을 고려한다는 의미에서 '교차성(intersectionality)'이라는 가장 안전한 수식어가 붙는다.

더 나아가 페미니즘은 환경과 생태, 이주, 전쟁(평화)까지 고려하는 전 지구적 운동이 되기를 희망한다. 여성이 어떻게 규정되든 이 모두와 관련되기 때문이고, 저마다의 상황 속에서 특정한 형태의 성차별이 발생하기 때문이다. 문제는 캐머런의 말대로 모든 (혹은 대다수) 여성이 '페미니스트'라는 딱지를 적극적으로 포용한 적은 단 한 번도 없으며, 이를 받아들인 여성 간에도 언제나 갈등이 존재해 왔다는 데 있다. 그럼에도 페미니즘에 사망 선고를 내린 목소리들은 언제나 과장된 것이었다. 페미니즘은 결국 살아남았기 때문이다(캐머런, 2022: 19).

차이의 개념화

차이에 대한 인식은 대개 두 가지 경로를 따른다. 하나는 차이를 없애려 하고 다른 하나는 오히려 차이를 강조한다. 바렛은 현대 페미니즘이 남성과 여성이라는 페미니즘의 전통적 범주를 회의하지만, 그렇다고 평등에서 차이로, 여성과 남성 간 차이에서 여성 내부의 차이로 완전히 옮겨 가는 패러다임 전환을 이루지는 않았다고 본다. 바렛은 ≪이론에서의 상상력≫ 6장 "차이의 개념(Concept of Difference)"에서 차이 문제를 본격적으로 다룬다. 여기서 남성과 여성 '사이'의 차이를 다루는 이론과 여성 '내부'의 차이를 다루는 이론은 서로를 보충한다기보다는 꽤나 경쟁적인 관계에 있으며 이 둘 사이를 조정하는 일이 어렵다고 전제한다(Barrett, 1999: 112).

바렛은 여성 내부의 차이를 세 가지 양상 또는 용법으로 구분해 설명한다. 첫째는 '경험적 다양성으로서 차이'다. 1970년대 포스트마르크스주의에 대한 관심과 1980년대 이후 제국주의·인종차별주의 연구는 인종과 계급을 두 축으로 삼았다. 이 둘뿐 아니라 지역, 민족성, 나이, 성적 지향성, 장애, 종교 등은 경험적 다양성을 드러내는 중요한 차이다. 서로 다른 경험에 기반해 차별을 이해하는 방식은 남성과 여성 간 차이, 여성 내부의 차이 모두를 설명할 수 있다는 장점이 있다. 하지만 이 방식은 자칫 학문적 실용주의, 상대주의, 다원주의에 빠지거나 차이를 '특정한 차이(the difference)'로 규정하기 쉽다. 바렛은 '경험'이 매우 제한적으로 우리를 진실 혹은 '진정한' 사회관계로 안내한다는 점을 상기시킨다(Barrett, 1999: 115).

경험적 차이와 함께 가장 일반화한 차이가 '위치적 의미(positional meaning)로서 차이'이다. 바렛이 보기에 토대주의(foundationalism)에 해당되는 모든 것을 해체하는 데리다식 포스트구조주의는 대상 세계와 개념의 날카로운 구분에 근거한 모든 인식론에 반감을 가지면서, 지식의 기초(인식론)와 사회적 세계의 이론적 위치에 대해 질문을 던진다(Barrett, 1999: 116). 정체성 그 자체에 의문을 품으며 단일한 주체를 해체하는 포스트구조주의는 다양한 차이를 개념화해 여성들 내부의 차이를 잘 설명하는 이론적 도구일 수 있다. 거대 서사를 거부하는 미시 정치학은 개인적 삶과 정치적 삶의 상호 연관성을 강조하는 페미니즘의 신념과도 명백히 어울린다. 하지만 바렛이 보기에 포스트구조주의는 저항과 정치적 도전의 페미니즘을 위한 충분히 만족스러운 대안은 아니다.

'성차'의 이론화는 차이를 설명하는 또 다른 방식이다.

이 방식은 남성과 여성 사이에 뚜렷이 드러나는 차이를 다룬다. 줄리엣 미첼, 낸시 초도로, 쥘리아 크리스테바(Julia Kristeva) 등 라캉에게 강력하게 영향받은 정신분석학적 페미니스트들은 상상계('아버지의 법'으로 표현되는 상징계의 이전 단계)에 주목하면서 여성 섹슈얼리티의 성격을 규명한다. 한편 재클린 로즈(Jacqueline Rose)는 정신분석학을 사회학과 연결하면서 성차의 고정성(fixity)에 의문을 제기한다. 즉 성차를 단순히 설명하는 것이 아니라 그것을 문제시한다(Barrett, 1999: 121).

차이를 이해하는 이러한 방식들은 페미니즘 이론의 변화에 고스란히 반영된다. 백인 페미니스트들의 인종차별적·민족중심적 가정들에 대한 흑인 여성들의 비판이 대표하는 첫째 방식('경험적 다양성으로서 차이')은 그 거대하고 지속적인 정치적 충격으로 성과 계급에 대한 논쟁의 지평을 확장하는 데 도움이 되었다. 페미니즘은 둘째 방식('위치적 의미로서 차이')으로 포스트주의와 만나면서 사유와 실천의 영역을 확장했다. 아울러 셋째 방식('성차'의 이론화)으로 성차를 훨씬 더 긍정적인 관점에서 바라보게 되면서 보편적 여성과 여성의 역할을 찬양하는 방향으로 나아갔다(Barrett & Phillips, 1992: 4-5).

바렛은 68혁명 이후 현대 이론의 황금기로 불리는

1970~1990년대에 현대 이론들과 페미니즘 이론 사이의 접점을 모색하면서 다음과 같은 문제를 제기한다.

> 현대 이론에 대한 비판적 평가는 앞선 시기에 직면했던 문제들에 대한 더 나은 이해로 나아가는 도중의(en route) 단계, 이전의 방해물을 깨뜨리는 재이론화로서 더 나은 분석으로 나아가는 길을 밝혀 줄 수 있는가? 혹은 페미니스트들이 단순히 주제를 바꾸고, 이론적으로 막다른 골목(cul-de-sac)에 다다른 듯한 것에서 선회하고, 유물론적 인과 담론을 버려 우리의 관심을 더욱 신선한 탁 트인 들판으로 돌린 것인가?(Barrett & Phillips, 1992: 6)

바렛의 이러한 질문은 유물론을 버리고 포스트주의라는 유행을 따르거나, 다양성을 만사형통의 해결책으로 제시하는 것이 곧 평등에서 차이로 패러다임을 이동시키는 것이라고 생각하는 태도를 경계해야 함을 시사한다. 또한 여성성을 강조하는 것은 이분법에서 열등한 항에 위치하던 여성성을 우월한 지위로 끌어올리거나 거꾸로 남성성을 아래 항에 위치시켜 생물학적 성차를 특권화하는 쪽으로 빠지기 쉽다. 과연 포스트주의는 페미니즘의 시선을 탁 트인 들판으로 돌릴 수 있을까?

참고문헌

데버라 캐머런 지음, 강경아 옮김(2022). ≪페미니즘≫. 신사책방.

Connolly, C & Segal, L.(1986). Feminism and Class Politics: A Round-Table Discussion. *Feminist Review, 23*(June), pp. 13-30.

Barrett, M.(1999). *Imagination in Theory: Culture, Writing, Words, and Things.* New York UP.

Barrett, M. & Phillips, A.(1992). *Destabilizing Theory: Contemporary Feminist Debates.* Stanford UP.

05
포스트주의

포스트모더니즘은 20세기 후반 서구 예술과 건축에서 시작된 운동으로, 서구 중심의 근대성에 기반한 모더니즘적 가치를 전도한다. 바렛은 포스트모더니즘이 찬성과 반대의 문제가 아니라고 본다. 포스트모더니즘은 지적 위치인 동시에 문화적 기후며, 학계의 패션인 동시에 정치적 현실이다. 따라서 현대 페미니즘의 흐름을 이해하려면 포스트모더니즘을 반드시 다루어야 하며, 1990년대 말에 글을 쓰는 사람이라면 누구에게나 그것이 글쓰기의 시작점이 될 것이라고 말한다. 한편 바렛은 포스트모더니즘에서 경계해야 할 지점도 놓치지 않는다.

포스트모더니즘

바렛은 현대 페미니즘의 흐름을 이해하려면 반드시 포스트모더니즘을 다루어야 한다고 말한다. 그러면서 다음과 같이 세 가지 관점에서 포스트모더니즘을 정의한다.

> 미학적 전략과 문화적 형태의 측면에서 포스트모더니즘은 심층보다는 표면, 페티시와 패러디, 과거와 자기 지시(self-reference)에 대한 언급을 가리키며, 문체의 복수성에 관심을 집중한다. 철학적 측면에서 포스트모더니즘은 자유주의 사유 체계와 마르크스주의를 포함해 합리주의적 계몽의 거대한 계획에 대한 거부를 함축한다. 사회학적 측면에서 포스트모더니티는 극소전자(micro-electronic) 혁명과 통신정보 체계의 전 지구화에 의해 중대하게 결정되는 후기 산업자본주의의 현상이다.(Barrett & Phillips, 1992: 206)

포스트모더니즘은 예술 양식이자 사유 체계며 사회적 현상이다. 각기 다른 학문적 관점에서 포스트모더니즘을 정의하려는 바렛의 시도는 학문 영역마다 포스트모더니즘에 대한 이해 방식이 다르다는 점에서 적절하다.

현재 우리가 사는 세상에서는 전 지구적이고 지역적인

것이 국가를, 이주와 디아스포라화가 혼종성을, 소비가 생산을 대체했으며 시공간이 압축되고 미디어와 정체성이 사회와 세계를 지배한다. 바렛에 따르면 포스트모더니즘은 이 다양한 경향들이 피난처로 삼는 대표 용어가 되었다(Barrett, 1999: 13).

하지만 바렛은 현대 페미니즘이 포스트모더니즘을 수용하는 데 다소 신중을 기해야 한다고 본다. 보편주의에 대한 포스트모더니즘의 거부는 여성 사이의 차이를 사유하는 데 어느 정도 기여한다. 그러나 페미니즘은 때로 보편주의를 필요로 한다는 점을 염두에 두어야 한다. 또한 합리주의적 주체가 파편화해 구성된 자아로 대체되면 행위를 하는 나는 누구이며 어떤 근거에서 그렇게 하는지, 더 나아가 파편화되고 구성된 본성에 그토록 확신을 갖는 나는 누구인지에 대한 골치 아픈 난제가 생겨날 수 있다. 아울러 바렛은 페미니즘이 계몽주의의 이분법에 반대하기는 하지만 젠더 구조를 완전히 버리는 포스트모던적 방식은 여러 페미니스트들의 거부를 불러올 것이라고 본다.

계급의 문제에 대해서도 더욱 섬세한 고찰이 필요하다. 가령 캐럴 트로이(Carol Troy)는 ≪빌리지 보이스(Village Voice)≫에 기고한 글 "소년들처럼(Like the Boys)"에서 꼼데가르송(Comme des Garçons. 이 브랜드명은 프랑스

어로 "소년들처럼"을 뜻한다)의 디자이너 레이 카와쿠보(Rei Kawakubo)가 자신이 디자인한 옷에서 계급 표식을 없애 전통과 지역성에서 해방되었다고 쓴다. 하지만 가야트리 스피박(Gayatri Spivak)은 트로이의 생각이 1986년 크리스마스 세일이 진행되는 동안 뉴욕에 위치한 꼼데가르송 가게에서 가장 싼 티셔츠가 135달러, 가장 싼 셔츠가 195달러에 팔렸다는 사실을 결코 설명할 수 없다고 비판한다(Spivak, 1999: 340).

이글턴에 따르면 "포스트모던적 사유가 이미지와 실제, 진리와 허위, 역사와 우화, 윤리학과 미학, 문화와 경제학, 고급 예술과 대중 예술, 정치적 우파와 좌파 사이의 구분을 지워 버리려 했음에도 차이에 대한 페티시즘을 만들어 냈다는 것은 아이러니하다"(Eagleton, 2003: 46). 이러한 지적은 스피박의 비판과 궤를 같이한다. 스피박과 이글턴의 비판은 포스트모던적 사유가 차이의 이론화에는 성공했지만 차이로 인한 차별을 해소하는 데는 크게 실패했음을 시사한다.

바렛 또한 스피박이나 이글턴처럼 차이라는 그럴듯한 포장지로 싸인 상품화한 포스트모더니즘에 반대한다. 그러나 문화, 재현, 상징과 관련된 포스트모더니즘 이론에는 어느 정도 여지를 남긴다. 특히 창의적이면서도 정치적으로 올바른 페미니즘 문화를 구성하려면 포스트모더니즘을 응용해야 한다고 본다. 바렛의 주장은 굳이 따지자면 포스트마르크스주의적 문화학에 가깝다.

포스트마르크스주의와 스튜어트 홀

바렛은 ≪이론에서의 상상력≫에서 버지니아 울프, 미셸 푸코와 더불어 스튜어트 홀(Stuart Hall)의 이름을 장 제목으로 사용한다. 바렛은 홀이 현대 사회학의 핵심 인물임이 틀림없다고 이야기하면서 홀의 학문적 이력을 간단히 소개한다. 자메이카에서 나고 자란 홀은 1951년 옥스퍼드대학교로 유학을 와 영문학을 전공했다. 그러나 1956년에 헨리 제임스(Henry James)를 주제로 집필하던 학위 논문을 포기했다. 바렛에 따르면 그 이유는 1956년 소비에트가 탱크를 몰고 헝가리로 쳐들어간 사건에 있었다. 이 사건은 홀과 그 동료·친구들을 크게 격분시켰다. 바렛은 홀에게 1950년대가 문화와 문학에 대한 전통적 개념들과 완전히 결별하고 문화를 정치학과 연결하는 견해를 형성한 중요한 시기였다고 평가한다(Barrett, 1999: 157).

1964년 버밍엄대학교에서 현대문화연구센터(Centre for

Contemporary Cultural Studies)를 설립하고 1979년 개방대학(Open University)으로 자리를 옮기기까지 홀은 동료, 학생들과 함께 왕성하게 작품 활동을 한다. 그 이후 홀은 개방대학에 재현, 의미화, 정체성, 문화적 차이에 중점을 둔 전공 과정을 개설했다. 이로써 '문화 연구'를 사회학의 하위 범주가 아니라 독립된 분과 학문으로 자리매김하게 했다. 포스트모던한 탈식민 사회의 여러 중심 이슈들을 문화 연구와 결합하는 일은 '이주'를 직접 경험한 '디아스포라적 지식인'인 홀에게 던져진 과제와도 같았다.

홀은 문화적 의미가 여가 활동이 아니라 사회적 작업의 '빵과 버터'라고 주장했다. 이는 권력이 경제적 이익에 의해 결정된다고 주장하는 고전 마르크스주의자들의 심기를 건드렸다(Barrett, 1999: 162). 홀은 문화가 권력을 구성하는 필수 요소라고 주장했다. 이를 보여 주는 사례로 18년간 정권을 유지한 마거릿 대처(Margaret Thatcher)의 정치적 프로그램을 꼽았다. 홀에 따르면 대처의 프로그램은 '도덕주의'의 언어를 사용해 이데올로기를 대중의 '관용어(idiom)'로 번역하는 데 성공했다. 요컨대 대처의 프로그램은 토리주의(Toryism)와 공명하는 주제들(국가, 가족, 의무, 권위, 기준)을 부활한 신자유주의의 공격적인 주제들(자기 이익, 경쟁적 개인주의, 반국가주의)과 풍성하게 결합해 헤게모니를 장악했다(Barrett, 1999: 163).

바렛에 따르면 이러한 홀의 분석은 사회정치학이 변화한 현실적 삶의 경험, 즉 전 지구적 이동과 이주에서 비롯된 문화적 다양성과 정체성의 문제를 다루고 이해하는 데 더욱 적극적이어야 함을 시사한다. 바렛은 특히 홀의 '혼종성(hybridity)' 개념에 주목한다. '혼종성'은 흑인 주체가 더 이상 정체성 정치학의 기초로 기능할 수 없는 탈식민적 상황에서 민족적 차이의 재현에 대한 새로운 정치학을 제공한다(Barrett, 1999: 166). 다시 말해 바렛은 차이를 무한히 드러내는 방식이 아니라 차이를 새로운 차원으로 결합하는 몽타주적 방식을 지향한다.

이러한 맥락에서 바렛은 이론적 작업뿐 아니라 텔레비전 프로그램 제작, 영화·사진 작업 등에 열정적으로 참여한 문화적 생산자, 미디어 커뮤니케이터 그리고 새로운 형식을 실험하는 아방가르드 예술가로서 홀을 포스트모던 문화정치학의 상징으로 본다. 바렛에 따르면 홀은 1970년대부터 1980년대 중반까지 사용한 마르크스주의의 용어들을 버리고 차이, 차연, 균열, 동일시 등 데리다, 푸코, 라캉의 용어들을 사용했다. 그러나 홀이 마르크스주의를 버리고 전적으로 포스트구조주의 입장으로 옮겨 간 것은 아니었다(Barrett, 1999: 168).

바렛은 재현이 쌍방의 문화적 소통을 강조하는 문화 회로(cultural circuit) 내부에서 사유되어야 한다고 주장한다. 이러한 맥락에서 바렛은 해체의 유희나 차이를 즐기는 텍스트주의에 빠지지 않은 홀을 '포스트마르크스주의자'로 규정한다. 이에 덧붙여 '포스트'라는 접두어가 그다음에 따라 나오는 입장을 완전히 폐기하기보다는 그것을 참고 지점으로 사용한다고 강조하면서 포스트주의를 재고할 여지를 남긴다.

참고문헌

Barrett, M.(1999). *Imagination in Theory: Culture, Writing, Words, and Things.* New York UP.

Barrett, M. & Phillips, A.(1992). *Destabilizing Theory: Contemporary Feminist Debates.* Stanford UP.

Eagleton, T.(2003). *After Theory.* Basic Books.

Spivak, G. C.(1999). *A Critique of Postcolonial Reason: Toward a History for the Vanishing Present.* Harvard UP.

06
담론과 진실

바렛이 마르크스주의와 페미니즘, 정신분석학과 포스트주의의 현대 이론이 지나온 경로를 모두 거치면서 추구하는 목표는 무엇일까. 바로 주어진 현상의 분석을 넘어 숨겨지거나 의도적으로 배제되었던 다른 맥락을 찾아내 그 속에서 진실에 더 가까운 담론을 만들어 내는 일이다. 바렛은 진실이 '언제나 거기 있는 것'이기 때문에 그것을 끄집어내기만 하면 된다고 말하지 않는다. 거기 있는 진실이 진실이 아닐지도 모른다고 언제나 의심한다. 바렛은 담론과 진실에 관한 푸코의 이론을 비판적으로 독해하면서 사실 속에 가려진 진실을 찾아내는 방식을 탐색한다.

담론과 콘텍스트

담론은 포스트구조주의와 더불어 이데올로기를 대신하는 주요 관심사가 되었다. 이때 언어는 현실이나 의미를 전달하는 투명한 매개체가 아니라 그 자체가 이미 의미의 생산자다. '텍스트 바깥에는 아무것도 없다'는 자크 데리다(Jacques Derrida)의 선언은 시니피앙(signifiant)의 연쇄 속에서 의미가 만들어지는 동시에 유예되는 과정을 함의한다.

바렛은 푸코의 담론 개념이 언어의 텍스트성이 아니라 콘텍스트와 밀접하게 연관된다고 본다. 즉 푸코의 담론 개념은 "말해지는 것이 어떻게 그 자체의 역사와 존재 조건을 지닌 어떤 네트워크와 맞아떨어지는지 이해하게 해 준다"(Barrett, 1991: 126). 여기서 "네트워크"는 문법처럼 언어 안에서 발화될 수 있는 것의 조건일 뿐, 실제로 어떤 발화가 일어날지를 결정하지는 않는다. 담론을 콘텍스트와 연관 지어 설명하는 푸코의 방식은 무엇이 언제 구성될 수 있는지 이해하는 것, 즉 담론에 작용하는 권력까지 아울러서 생각하게 한다.

푸코는 개별 진술을 다루기보다 별개로 존재하는 진술들이 어떤 규칙과 공통분모를 통해 하나의 담론으로 구성되는지 다루려 한다. 다시 말해 푸코의 관심사는 모든 진술(statements) 또는 모든 일상적 발화 행위가 아니라 약간의 자율성과 진리 주장을 담고 있는 진술의 하위집합(subset)이다(Barrett, 1991: 127). 즉 푸코는 미리 주어진 기원과 원인을 발굴하는 대신 기호들로 다른 의미를 구성하는 새로운 작업을 수행한다.

푸코의 담론은 기호들로 구성되어 있지만, 그 기호들이 어떤 주어진 대상이나 현실을 가리키거나 번역하지는 않는다. 그렇다고 의미의 분산이나 무한한 연기인 것도 아니다. 담론은 우리가 현실을 인식하는 방식을 구성하는 일종의 체계다. 불연속성과 분산을 강조하면서 담론의 모든 일관성과 단일성을 거부하는 해체적 담론 이론과 푸코의 이론은 이 지점에서 구별된다. 정신 질환, 처벌, 섹슈얼리티 등에 대한 푸코의 역사학적 작업이 보여 주듯, 푸코는 단순히 분산, 우연성, 이질성의 이론가가 아니다. 푸코의 작업은 담론의 '다른' 단일성과 규칙성을 다시 그리고(redraw) 드러내는 일이다(Barrett, 1991: 128).

바렛은 푸코가 중세 이후 서구 사회의 담론 생성 방식을 설명하며 '배제(exclusion)'와 관련된 용어를 사용하는 데 특히 주목한다. 배제의 첫째 원칙은 '금지' 혹은 '금기(taboo)'를 통해 해야 할 것, 하지 말아야 할 것, 언제 누가

해야 할지 등을 정하는, 담론 그 자체가 권력인 방식이다. 배제의 둘째 원칙은 광기와 이성의 대립이 보여 주는 분할(partage)과 배척(rejet)이다. 이는 금지가 아니라 분리와 거절이다. 가령 광인의 말은 이 원칙에 따라 마치 존재하지 않는 것처럼 취급된다. 배제의 셋째 원칙은 진실과 거짓의 구분이다. 이에 따라 권력이나 권위가 있는 사람들의 말은 진실로 받아들여지고, 권력이 없는 사람들의 말은 진실로 여겨지지 않는다. 이는 진실을 향한 의지가 제도의 토대에 입각하며 한 사회에서 그것이 사용되는 방식에 의해 갱신된다는 점을 상기시킨다.

이러한 배제의 원칙들은 여성이 처한 상황을 잘 설명해 준다. 따라서 페미니즘 이론에 매우 유용하다. 비디 마틴(Biddy Martin)에 따르면 "서구 문화 내에서 여성의 지위가 실로 내적 배제의 지위인 이유는 그것이 '진실과 정체성을 향한 의지' 안에서 권력의 작용들을 드러내는 데 특히 잘 들어맞기" 때문이다(Barrett, 1991: 146).

푸코는 전통적 역사학(historiography)이 다루지 않았던 정신 질환, 처벌, 섹슈얼리티를 권력과 담론의 관점에서 다시 바라봄으로써 여성과 소수자가 어떻게 억압적 방식에 의해 체계적으로 구성되는지 보여 준다. 이로써 그들의 담론이 얼마나 진실로 인정받기 어려운지에 대한 통찰을 제공한다.

푸코는 서구 역사의 담론을 구성한 배제의 원칙이 진실을 향한 의지를 보여 준다고 주장하면서 진실 그 자체를 인식론적 비판의 대상으로 삼는다. 아울러 자신의 텍스트들이 언제나 옳은 것이 아니라 어떤 작업의 과정으로 여겨지기를 원한다. 바렛은 이러한 푸코를 상대주의자로 평가하는 것은 그의 저작에 대한 오독이라고 말한다. "정신 질환, 범죄, 섹슈얼리티 등에 대한 그[푸코]의 역사적 해석은 대상에 대한 더 나은 지식을 위한 주장들로 스스로를 드러낸다."(Barrett, 1991: 145)

제정신이 아닌 진실

푸코는 진실에 다가가고 진실을 밝히려는 우리의 노력에 대해 근본적 의문을 제기한다. 그 의문은 왜 우리가 언제나 진실을 말하고 진실에 가치를 부여하며 그것을 끝없이 추구해야 하는지에 대한 물음으로 이어진다. 피에르 봉센(Pierre Boncenne)과의 대담에서 푸코는 진실이 의심할 여지 없이 권력의 형식이라고 말한다. 이어 자신이 왜 진실을 추구하는지 묻고 무엇이 진실인지 탐구하는 일보다는 프리드리히 니체(Friedrich Nietzsche)처럼 어떻게 진실이 우리를 완전히 그것의 노예로 만들 만큼 우리 사회에서 중요한 가치를 지니게 되었는지에 더 관심이 있다고 말한다(Kritzman, 1988: 107). 바렛은 푸코의 질문을 이어받아 다음과 같이 되묻는다.

> 우리는 어떤 상황에서 거짓을 말하기로 선택하는가? 신화를 사용하는가? 진실보다 환상을 더 선호하는가? (영미학파의 가장 엄격한 합리주의 철학자조차 때때로 산타 할아버지나 이빨 요정과 공모하지 않는가?)(Barrett, 1991: 143)

사람들은 산타 할아버지의 존재 유무와는 별도로 대체로 '성탄절에 산타 할아버지가 온다'는 진술을 '진실'로 믿는 데 합의한다. 진실은 여러 가지며 진실을 조리 있게 표현하는 방식도 다양하다(Kritzman, 1988: xxiv). 따라서 진실을 향한 우리의 의지는 담론 그 자체의 '진실성'이 아니라 어떤 담론이 진실로 여겨질 수 '없는지'를 가려내는 쪽으로 향할지도 모른다.

어떤 진술이 정해진 담론의 규칙을 따를 때 진실하다고 인정된다면, 때로는 허위인 진술도 '진실한' 담론으로 여겨질 수 있다. 뒤집어 말하면 우리가 아는 한 어떤 진술이 진실이라고 아무리 주장해도, 그것이 우리 사회에서 인증된 다른 모든 진술과 어울리지 않고 딱 들어맞지 않는다면 '진실하다'는 판정을 받기 어렵다. 따라서 우리는 누구에게나 말할 자유가 있는 민주주의 사회에서조차 '거리낌이나 두려움 없이 말하기', 즉 파레시아(parrhesia)를 실천하기 어렵다. 바렛은 이 문제에 배제의 둘째 원칙(분할과 배척) 중 이성과 광기의 원칙을 적용한다. 그 사례로 가장 유명한 버지니아 울프의 전기 작가들인 퀜틴 벨과 허마이어니 리(Hermione Lee)의 서술을 든다.

벨은 울프가 '정신의 암'에 걸렸다고 말하면서 울프의 광기(insanity)를 강조한다. 반면 리는 울프를 '질병에 걸린 정신적으로 온전한 여성'으로 묘사한다. 이에 대해 바렛은 두 사람 모두 이성은 진실, 광기는 허위라고 판단하는 오류를 범했다고 비판한다(Barrett, 1999: 188-199). 이어서 바렛은 울프의 소설 ≪댈러웨이 부인(Mrs. Dalloway)≫에서 셉티머스가 '제정신이 아닌 진실(insane truth)'을 본다는 댈러웨이 부인의 말을 인용한다. 여기서 드러나는 울프의 인식이 푸코의 '비이성' 혹은 '광기' 모델을 사용해 해석될 수 있다고 조심스레 제안한다.

푸코가 말하는 진실은 언제나 그것을 진실로 인식하도록 안전하게 지켜 주는 '진실 체제(regime of truth)' 안에서 등장하는 반면, 울프의 진실은 내재적이고 신비하다(Barrett, 1999: 203). 이러한 차이점에도 불구하고 바렛은 푸코와 울프가 사유의 일탈성, 이분법과 본질주의를 거부하며 진실의 이면을 들여다보려 했다는 공통점을 지닌다고 평가한다. 다시 말해 울프가 직관·상상과 세속적 합리주의 사이에서 늘 긴장했고 그의 작품이 모더니즘과 포스트모더니즘 사이를 오간다면, 푸코는 본질적으로 작가이자 예술가 혹은 작가의 작가로서 통찰력 있고 범법적인(transgressive) 사유를 촉발한다.

바렛에 따르면 푸코의 이론은 사회적 이론의 체계적 구조(body)도, 신뢰할 만한 역사도 아니다. 그렇다고 행동을 위한 지침서는 더더욱 아니다(Barrett, 1999: 202). 그렇다면 푸코는 자신의 이론을 통해 무엇을 하려 했을까? 바렛은 왜 푸코를 울프와 만나게 하려 할까? 푸코가 생의 마지막에 이르러 로런스 크리츠먼(Lawrence Kritzman)과 나눈 대담에 그 답이 있을 것이다. 바렛이 그 대담에서 인용한 진술은 다음과 같다.

> 제가 하려는 일은 사유와 진실의 관계에 대한 역사를 쓰는 것입니다. 사유의 역사는 진실에 대한 사유입니다. 진실이 존재하지 않는다고 말하는 사람들은 제가 보기에 단순해지

고 있는 것입니다.(Kritzman, 1988: 257; Barrett, 1999: 203)

푸코의 이론은 유럽중심주의 이론이라는 명백한 한계가 있다. 그럼에도 푸코의 이론은 마르크스주의가 거의 다루지 않았지만 현재의 우리가 큰 관심을 보이는 영역 즉 광기, 의학, 섹슈얼리티 등에 대한 도발적이고 통찰력 있는 분석을 제공했다. 바렛이 푸코의 이론을 '비진실의 경제학'이 아니라 '진실의 정치학'으로 표현하면서(Barrett, 1991: 155) 푸코의 저술 제목이기도 한 그 표현을 자신의 책 제목으로 삼은 이유가 여기 있다. 담론의 진실이 권력과 함께 작동한다고 할 때, 인간 존재에 대한 탐색은 권력의 속성을 이해하는 데 필수적이다.

참고문헌

미셸 푸코 지음, 이정우 옮김·해설(1993). ≪담론의 질서≫. 새길.

Barrett, M.(1991). *The Politics of Truth: From Marx to Foucault*. Blackwell.

Barrett, M.(1999). *Imagination in Theory: Culture, Writing, Words, and Things*. New York UP.

Kritzman, L. D.(ed.)(1988). *Michel Foucault: Interviews and Other Writings 1977-1984*. Routledge.

07
인간 본성

인간이란 어떤 존재인가? 인공지능, 사이보그, 로봇 등 새로운 존재들이 등장할 때마다 인간 본성에 대한 질문이 여러 각도에서 제기된다. 인간을 인간이게 하는 요소는 무엇인가? 인간은 만물의 영장인가? 모든 비인간에게 인간은 이상적 모델인가? 바렛은 사회학이 다소 무심한 태도를 취했던 인간 본성의 문제에 관한 여러 질문들이 대중문화나 공상과학 소설에서 제시되는 현상을 분석해 인문 사회학 지형의 변화를 암시한다.

인간 본성에 관한 네 가지 정의

바렛은 사회·문화 이론이 '인간 본성'이라는 중대한 문제를 다루기 불편하다는 이유로 오랫동안 회피해 왔다고 지적한다. 바렛은 먼저 옥스퍼드 영어 사전에서 '인간'과 관련된 용어들의 정의를 살펴보며 그 불편함의 근거를 밝힌다. 사전은 '인간 본성'이라는 용어를 네 가지 범주로 구분해 정의한다. 인간 종의 특징, 중심에 신이 아니라 인간을 위치시키는 것, 관용(benevolence), 인간의 문화가 그것이다(Barrett, 1999: 170).

바렛은 이러한 범주들이 곧장 사회학 이론에 사용되기에는 문제가 많다고 본다. 우선 인간 종의 특징은 합리적 의식을 지닌 데카르트적 자아로 표현된다. 그러나 그러한 표현은 서구 근대성 논리에 입각한 남성적·식민적 인간성을 전제한다고 일찌감치 비판받아 왔다. 그다음으로 신과 대립되는 인간 존재가 고유한 본능을 지니고 있으며, 그 본능으로 세상 만물과 자연스러운 관계를 맺고 있다는 생각은 본질주의에 근거한다는 점에서 수용하기 어렵다. 관용은 친절함·예의·비야만성 등 자연 또는 비인간과 대비되는 문명적 존재로서 인간의 본성을 의미한다. 하지만 이 관용 개념에 기반한 자연과 문화의 대립은 유지되기 어려우며, 서구의 우위성을 담론적으로 구성하는 데 그친다. 또한 기술의 발달로 유기체와 기계 사이의 경계가 무너지고, 생태학적 의식이 고양되어 인간의 우월성에 대한 전통적 개념이 급격히 대체되면서 인간과 비인간의 대립은 더더욱 설 자리를 잃었다. 마지막으로 인간의 문화라는 범주에서 정의되는 인간 본성은 정치적 담론으로서 자유주의 휴머니즘과 관련된다. 이에 따르면 인간은 예술성, 상상력, 가치를 지닌 뛰어난 개인이자 주체다. 하지만 포스트구조주의를 비롯한 현대 철학과 현대 사회학은 개인의 자율성에 의문을 제기하면서 반휴머니즘(anti-humanism)을 표방한다(Barrett, 1999: 173). 개인이 소비적 자본주의의 욕망에 굴복하면서 점차 몰개성적이고 비자율적인 대중이 되었기 때문이다.

바렛은 이처럼 인간 본성에 관한 정의가 비판받기 쉬운 범주들 속에 놓여 있지만, 그럼에도 그 전부를 내다 버릴 수는 없다고 주장하면서 부정적 측면 뒤에 숨겨진 약간의 긍정성을 추출하려고 애쓴다. 가령 휴머니즘은 반휴머니즘이 차단한 몇몇 중요한 질문들에 열려 있다는 점에서 다시 생각해 볼 여지가 남아 있다. 자연과 문화의 대립을 가로지르는 현대의 급격한 변화는 인간의 본성이 무엇인지 다시 사유하게 한다. 인간에 대한 개념이 서구 근대성의 산물임은 분명하지만 그렇다고 인간 존재에 대한 사유 자체를 멈출 수는 없는 일이다. 아울러 페미니즘에서 '전략적' 본질주의는 해체론에 맞서는 유효한 정치적 해결책이 될 수 있다.

이렇듯 바렛은 자신의 이전 발언을 스스로 뒤집는 것처럼 보이는 주장을 펼친다. 이를 통해 바렛이 말하려는 것은 '인간 본성'과 관련된 범주들이 위험함에도 불구하고 그것들을 "사용하지 않을 수 없다(cannot *not use*)"는 사실이다(Barrett, 1999: 175). 과학이 발전하면서 인간 본성에 관한 새로운 질문들이 계속해서 추가되거나 반복적으로 제기되고 있다. 이러한 현실과 대면한 우리는 인간 본성의 의미를 적극적으로 재정의할 필요가 있다.

사회학과 인간

바렛은 인간 본성에 관한 질문이 사회·문화 이론에서 소홀히 다루어졌다는 사실을 설명하면서 저명한 두 사회학자 앤서니 기든스(Anthony Giddens)와 지그문트 바우만(Zygmunt Bauman)의 사례를 든다. 기든스에 따르면 인간 존재는 문명사회에서든 원시사회에서든 매우 다양한 방식으로 살아감에도 '인간 종의 단일성'을 공유하며, 그 방식들 사이에 우열을 따질 근거 또한 전혀 존재하지 않는다. 바우만 역시 인간이 살아가는 데 한 가지 이상의 방식이 있다고 보지만, 문화와 달리 본성은 조작될 수 없다고 말한다. 바우만은 기술이 발전하면서 문화와 본성 사이 경계가 무너져도 문화가 본성을 변경할 수 없다는 기조를 유지한다(Barrett, 1999: 171). 이처럼 기존 사회학자들은 '인간이란 어떤 존재인가'라는 문제를 회피하거나 그에 피상적인 태도를 보였다. 바렛에 따르면 이들의 접근법은 대체로 이성과 의식을 지닌 합리적 자아, 영원히 변치 않는 인간 본능, 더 이상 유지될 수 없는 자연과 문화의 대립, 정치적 담론으로서 '휴머니즘'의 상승과 하락이라는 사전적 정의의 범주에서 거의 벗어나지 못한다.

바렛은 나날이 발전하는 과학 실험과 의료 윤리학의 문제를 거론하면서 사회학이 '인간 본성'이라는 용어를 새롭게 정의해야 할 필요성을 당면했다고 판단한다. 가령 죽은 남편의 혈액에서 채취한 정자로 임신에 성공한 다이앤 블러드(Diane Blood)의 사례, 동물의 장기를 인간에게 이식하는 일, 식물인간 상태에 있는 환자의 생명 유지 장치를 꺼 버리는 일과 같이 재생산과 죽음에 관련된 이슈들은 인간 본성에 대한 기존 정의를 교란하고 위협한다. 사회과학자로서 바렛은 이러한 문제에 대해 말하는 일을 더 이상 회피하지 말아야 한다고 주장한다. 미디어, 물리학 이론, 소설 등 중요한 문화 생산물들이 인간 본성, 인간의 감각, 인간의 권리 등에 대한 질문들을 이미 풍부하게 다루고 있기 때문이다.

대중문화와 인간

<애프터 양(After Yang)>(2021)이라는 영화의 등장인물 제이크(Jake)는 복제인간인 에이다(Aida)에게 "너도 인간이 되고 싶니?"라고 묻는다. 에이다는 짧게 생각해 본 끝에 "왜 인간들은 다른 존재들이 모두 인간이 되고 싶어 할 것이라고 생각할까요?"라고 반문한다. 한편 가즈오 이시구로(Kazuo Ishiguro)의 소설 ≪나를 보내지 마(Never Let Me Go)≫에서 장기 이식을 목적으로 만들어진 복제인간은 자신이 진짜 인간이 아니라는 사실에 절망하며, 자기가 멋진 원본으로부터 복제되었기를 소망한다.

물리적 관점에서 인간보다 강력한 사이보그, 로봇, 안드로이드, 복제인간 등이 인간이 되고 싶어 한다면, 그들에게 결핍되어 있는 것은 인간이 공통으로 지닌 본성과 관련

될 수 있다. 바렛은 ≪이론에서의 상상력≫ 10장에서 영화와 소설 등을 비평하며 인간 본성에 대한 다양한 통찰과 표현을 얻으려 시도한다.

<터미네이터(The Terminator)>의 사이보그는 인간을 위한 임무를 마치면 언제나 파괴되어야 한다. 하지만 그 존재는 자신의 운명에 대해 슬퍼할 줄 모른다. 바렛에 따르면 "그의 비인간성은 그가 울 수 없다는 사실에 의해 단지 상징될 뿐이며, 이는 바로 그 존재가 파괴되어야 한다는 사실을 작품 속 인물들이 마지못해 받아들이는 이유"(Barrett, 1999: 177)이기도 하다.

<스타 트렉: 넥스트 제너레이션(Star Trek: The Next Generation)>에서 인간이 되고 싶어 하는 데이터(Data)는 감정을 느낄 수 있게 하는 칩을 자신에게 심는 것이 가능하다는 사실을 발견하지만 감정이 없는 편이 때때로 '엔터프라이즈호'에 더 유리하다는 것도 알게 된다.

텔레비전 시리즈 <스타 트렉>에서 반은 인간이고 반은 벌컨(Vulcan)족인 스폭(Mr. Spock)은 커크 선장의 "너나 나나 모두 인간이야"라는 말에 "그 말은 … 모욕적인데요"(Barrett, 1999: 179)라고 반응한다. 이처럼 신체적으로 나약할 뿐 아니라 감정에 좌우된 판단을 하는 인간은 사이보그나 유전자 조작으로 탄생한 존재들보다 열등한 존재

로 취급된다.

바렛은 이처럼 인기 있는 공상과학물 상당수가 다양한 방식으로 인간성을 정의하고 설명하는 문제를 지향하며, 그중 다수는 인간의 존재와 그 조건을 다룬다는 점에서 "세속의 시대에 종교의 대체물로 기능한다"(Barrett, 1999: 181)고 분석한다. 이는 현대 과학기술의 발달로 기존 방식으로 보편적 인간성을 정의하거나 다른 존재에 대한 인간의 우월성을 주장할 수 없게 된 상황에 대한 바렛의 현실 인식을 보여 준다.

바렛이 연출가이자 작가인 아들 덩컨 바렛(Duncan Barrett)과 함께 집필한 ≪스타 트렉: 인간 경계선(Star Trek: The Human Frontier)≫은 인간 본성에 대해 질문을 던지는 획기적인 문화적 실천이다. 앤 칼로스키네일러(Ann Kaloski-Naylor)는 "바렛 모자의 저서는 우주여행으로서 스타 트렉, 인간성에 대한 질문으로서 스타 트렉 그리고 포스트모던한 정체성 흔들기로서 스타 트렉이라는 세 가지 주제를 설득력 있고 광범하게 다룬다"(Kaloski-Naylor, 2002: 201)고 평가한다.

바렛은 ≪스타 트렉: 인간 경계선≫의 서문에서 인간이 우주에서 바라본 지구의 모습을 통해 광대한 우주 안에 놓인 작은 존재로서 자신을 자각했으며, 지구를 자신이 책임

져야 할 하나의 행성으로 보게 되었다고 말한다. 이런 맥락에서 지구를 떠나 우주를 항해하는 행위는 인간성의 의미에 대한 질문을 포기하는 것이 아니라 인간이 '진정' 어떤 존재인지 발견하기 위한 것이다. 서구가 서구 바깥의 세상을 탐험하면서 자신의 정체성을 발견했듯, 우리에게 우주는 어쩌면 인간성을 다르게 정의할 수 있게 하는 외적 존재물인지도 모른다. 물론 새로운 형태의 식민주의를 알리는 서막이 될지도 모르지만 말이다.

참고문헌

가즈오 이시구로 지음, 김남주 옮김(2005). ≪나를 보내지 마≫. 민음사.

코고나다 감독(2021). <애프터 양(After Yang)>.

Barrett, M.(1999). *Imagination in Theory: Culture, Writing, Words, and Things.* New York UP.

Barrett, M. & Barrett, D.(2000). *Star Trek: The Human Frontier.* Routledge.

Kaloski-Naylor, A.(2002). *Star Trek: The Human Frontier* by Michèle Barrett and Duncan Barrett. *Sociology, 36*(1), pp. 201-202.

08
문화정치학

1960~1970년대의 문화 이론은 고전적 마르크스주의에 대한 동지애적 비판으로 시작되었으며, 당시 세계를 휩쓴 정치적 급진주의의 분위기 속에서 전개되었다. 문화 이론은 젠더와 성이 연구 대상으로 자리매김하게 했고, 대중문화도 연구할 가치가 있다는 사실을 확립했으며, 탈식민주의적 시각을 정초하는 막대한 성과를 거두었다. 오늘날 '문화'라는 단어는 모든 일상을 빨아들여 녹이는 거대한 용광로처럼 보인다. 바렛은 1990년대 이후 페미니즘의 관심사가 상당 부분 문화로 이동했다고 판단하며, 문화정치학 담론에 적극 개입한다.

문화적 전환과 정치

바렛은 “사회학 같은 학문 분야 전반이 문화적 의미의 중요성을 인식하는 쪽으로 변화하고 있다는 점, 언어와 텍스트의 구성적 역할을 강조하는 포스트구조주의의 광범한 영향력, 의사소통을 위한 통로로서 즐거움과 상상력의 매력”(Barrett, 1999: 14)을 ‘문화적 전환(cultural turn)’의 특징적인 구성 요소로 꼽는다. 인종차별주의에 저항하는 락 음악, 모피 코트에 반대하는 슈퍼 모델 등 정치적 시위는 이제 점차 문화적 형식을 통해 전달된다. 바렛은 이를 “정치학의 미학화”(Barrett, 1999: 15)라고 부른다. 어떤 정치적 변화를 이끌어 내거나 대중에게 호소하려 할 때 문화는 효과적 수단일 수 있다.

이글턴에 따르면 지식인들은 점점 더 기성 제도에 흡수되어 가던 정치학, 경제학, 철학 내부에서 자신의 관심 문제를 제기하기 어렵다고 판단해 문화 이론가가 되었다(Eagleton, 2003: 84). 문화 이론은 메타질문을 던진다. ‘이 시에 가치가 있는가’를 묻는 대신 ‘시가 좋거나 나쁘다고 할 때 우리가 뜻하는 바는 무엇인가’를 묻고, 소설의 플롯에 개연성이 있는지 없는지 묻기보다는 소설이 무엇인지 물으며, 클라리넷 협주곡을 만드는 데 필요한 물적 조건을

검토하고 그 조건과 작품의 관계를 따진다(Eagleton, 2003: 87-88).

이글턴에 따르면 "문화는 우리가 살아가는 방식이자 의미를 만들어 가는 행위 그 자체며 우리가 숨 쉬는 사회적 공기이지만, 다른 한편으로는 우리의 삶을 깊숙이 형성하는 것에서 떨어져 있기 때문에 규정하기 어려운(slippery) 용어"다(Eagleton, 2003: 48). 바렛은 이글턴에 비하면 문화의 정치적 역할에 더 기대를 거는 편이다. 문화 이론은 대상 그 자체에, 기존 의미 그 자체에 대해 질문을 던지며 새로운 의미를 만들어 간다는 점에서 정치적이다. 바렛은 문화정치학이 의미에 대한 투쟁을 포함하기 때문에 페미니즘에 굉장히 중요하다고 말한다(Barrett, 1999: 94).

바렛은 최초로 문화를 '전반적 삶의 양식'으로 규정한 문화 이론가 레이먼드 윌리엄스(Raymond Williams)가 1981년 저서 ≪문화(Culture)≫에서 문화를 똑 부러지게 정의하지 못했다고 비판한다. 이어 "만약 문화가 정의하기 어려운 것이라면 예술은 불가능하다"고 역설한다(Barrett, 1999: 94-95). 바렛은 다원주의적 시각을 지속적으로 경계하면서 사실상 예술이라는 범주가 보편적이지 않다고 주장한다. 바렛이 페미니즘적 실천의 맥락에서 예술과 문화의 의미를 탐색하는 문화정치학을 실천하고 싶어 하는 이유가 여기에 있다. 페미니즘 문화정치학과 관련해 바렛은 '예술은 언제 페미니즘 예술이 되는가', '여성의 예술은 언제 페미니즘 예술이 되는가', '언제 문화가 예술이 되는가', '문화정치학은 즐거워야 하는가'라는 네 가지 질문을 중심으로 문화와 정치의 결합을 시도한다.

페미니즘 미학

이 네 가지 질문과 그에 대한 답변을 분석하면서 바렛이 추구하는 페미니즘 미학과 문화에 대한 사유를 살펴보자. 먼저 바렛은 '예술은 언제 페미니즘 예술이 되는가'라는 질문에 어떤 재현물이 그 자체로 페미니즘적이 되지는 않으며, 그것을 누가 어떻게 받아들이는지가 중요하다고 답한다. 모든 예술 작품에는 수용자마다 다른 의미로 받아들일 수 있는 애매성이 존재하기 때문이다.

> 나는 단순히 두 지점에 주목하고 싶다. 첫째, 어떤 특정 예술 작품이나 이미지가 '성차별주의적'인지 아니면 '페미니즘적'인지는 그것에 자명하거나 명확하게 내재하지 않으며 그것을 어떻게 읽느냐에 달려 있다. 둘째, 작가의 성별을 아는 것

> 이 텍스트의 의미를 파악하는 데 믿을 만한 안내자가 될 수는 없다.(Barrett, 1999: 97-98)

작가의 삶은 어떤 식으로든 작품에 반영되지만 작품이 곧 작가는 아니다. 자신과 전혀 다른 정치적 입장을 지닌 이들에게 오히려 더 큰 공감을 주는 작품을 쓰거나 자신의 정체성과 완전히 반대되는 작품을 창조하는 작가들이 여럿 있기 때문이다. 한편 어떤 작가나 작품에 내재된 페미니즘적 의도를 모든 여성 독자가 포착할 수도 없다. 이는 자연스레 '여성의 예술은 언제 페미니즘 예술이 되는가'라는 질문으로 이어진다. 독자들은 흔히 작가가 여성이라는 이유만으로 그 작품이 페미니즘적이라고 예단한다.

바렛은 그 예로 주디 시카고(Judy Chicago)의 유명한 설치 작품 < 저녁 식사(The Dinner Party) >를 든다. 바렛은 우선 유명한 역사적 여성 인물 서른아홉 명을 위해 차려진 이 가상 만찬의 규모가 전례 없이 웅장하며, 지금까지 여성들이 그토록 화려하고 자신감에 찬 방식으로 문화적 무대(arena)를 차지해 본 적은 없다고 평가한다. 그러나 바렛은 이 작품의 전시회가 상당히 혼란스러웠다고 밝힌다. 첫째, 그 전시회를 위한 집단 작업에 수백 명의 사람들이 시간과 노동을 투자했지만 세계적 명성을 얻은 사람은 주디 시카고 한 명뿐이었다. 둘째, 이 전시회는 자수나 도자기 페인팅이라는 여성의 고된 일을 복원해 그것을 '고급 예술'의 영역에 재할당했다. 셋째, '위대한 여성들'의 등급이 매우 주관적인 일련의 기준에 따라 매겨졌다. 넷째, 이 여성들이 전시회에서 재현되는 방식에 문제가 있었다. 특히 바렛은 버지니아 울프가 깊숙한 부조로 만들어진 여성 성기 모양의 조각품 위에 앉아 있는 모습을 보고 경악을 금치 못했다. 그러면서 그 형상은 울프의 양성성과 젠더 모호성에 대한 이론을 완전히 사장한 것이라고 비판한다. 이는 주디 시카고의 페미니즘이 생물학적 접근법에 근거함을 보여 준다고 주장한다(Barrett, 1999: 100-101).

이처럼 여성의 경험을 강조하거나 작가가 여성이거나 생물학적 여성의 몸에 관심을 보인다고 해서 어떤 작품이 페미니즘적이라고 할 수는 없다. 하지만 그렇다고 페미니즘 미학에서 여성에게 공유된 억압의 경험을 없애 버릴 수도 없다.

'언제 문화가 예술이 되는가'라는 질문에 답하기 위해 바렛은 예술이 지닌 '미적 가치'에 대한 판단 문제로 우회한다. 흔히 예술은 노동과는 다른 것으로, "소외된 대중 생산 자본주의라는 사막에서 창조의 오아시스"(Barrett, 1999: 103)로 신비화되고 이상화된다. 바렛은 이러한 신화에 도전하면서 예술 작품이 여타 사회적 생산 양식과 유사하다고 주장한다. 그렇다고 '인간이 만든 최악의 건축물도 최고의 벌집보다 낫다'는 마르크스의 말을 따라 창조적 계획 행위에 근거한 모든 노동 행위를 예술이라고 부를 수는 없다. 여기에 미적 가치의 문제가 개입한다. 어떤 작품이 다른 작품보다 낫다는 판단을 누가 어떻게 정당화하는가. 바렛은 미적 가치에 대한 판단의 보편성과 객관성에 의문을 품으며, 이 판단이 사실상 지배 집단의 견해인 경우가 많았다고 지적한다. 그러면서 "편지 봉투에 휘갈겨 쓴 시도 프랭크 레이먼드 리비스(Frank Raymond Leavis)가 극찬하는 데이비드 허버트 로런스(David Herbert Lawrence)의 소네트만큼 좋을 수 있다"(Barrett, 1999: 104)고 말한다.

따라서 페미니즘 비평가로서 바렛은 비평적 전통에서 무시되거나 거부되었던 작품들, 즉 백인 남성 부르주아 계급의 작품에 가려진 흑인 문화, 여성 문화, 노동 계급 문화의 가치에 주목해야 한다고 말한다. 이때 미적 가치와 정치적 가치는 대립적 관계에 있는 것이 아니라 미적 가치가 정치적 진보를 위한 기초로 기여할 수 있어야 한다.

그러나 어떤 예술가가 여성의 경험을 정치적으로 올바르게 표현한다고 해서 곧장 그가 페미니즘 문화정치학을 실현한다고 평가할 수는 없다. 페미니즘 문화정치학을 정초하려면 먼저 예술가에 대한 이상화를 깨뜨려야 한다. 물론 예술가의 '상상력과 기술'은 예술의 미적 가치를 구성하는 데 커다란 역할을 한다. 하지만 그 가치는 내적으로 고유하다기보다 수용되거나 소비될 때 발현된다. 다시 말해 예술 작품의 의미는 그것들을 소비하는 과정에서 구성되므로, 작품의 생산은 소비와 떼려야 뗄 수 없는 관계에 놓인다. 이 지점에서 문화는 예술이 되고 예술이 문화가 된다.

페미니즘 문화정치학의 역할은 페미니즘적 비전이 상상적으로 생산되는 동시에 창조적으로 소비되는 '문화적 환경(cultural milieu)'을 만들고(Barrett, 1999: 108), 미학적 기술을 엘리트화하는 대신 민주화하는 일이다. 이러한 비판적·정치적 개입은 기존 관행과 재현에 도전하고 세상이 어떻게 바뀔지에 대한 대안을 제공한다. 이때 말하는 내용만큼이나 그것을 말하는 방식도 중요하다. 그렇다면 남성적이고 가부장적인 기존 형식을 대체할 새로운 여성의 언어와 문체를 개발하거나, 현 상황을 돌파할 급진적 형식을 고안해야 하는가? 바렛은 이에 대해서는 다소 유보적이다. 결국 모든 형태의 예술적 생산물은 특정한 시기에 그것을 받아들이는 수용자에 의해 정의되고 제한되기 때문이다(Barrett, 1999: 109). 가령 여성 다수가 페미니즘을 설파하는 급진적 다큐멘터리보다 울고 짜는 연속극에 더 공감하며 빠져든다고 해서 그러한 상황이 부적절하다고 마냥 비판하기만 할 수는 없다. 바렛은 왜 그런 현상이 일어나는지, 우리 의식의 기저에 무엇이 놓여 있는지를 열린 마음으로 공감하면서 살펴봐야 한다고 말한다.

바렛에 따르면 페미니즘 문화정치학은 여성을 억압적 이데올로기의 무기력한 희생자로 보는 데서 오는 우울함과 패배감에서 벗어나 상상력을 발휘하는 공간이다. 문화정치학이 즐거워야 하는 이유가 바로 여기에 있다.

참고문헌

Barrett, M.(1999). *Imagination in Theory: Culture, Writing, Words, and Things.* New York UP.

Eagleton, T.(2003). *After Theory.* Basic Books.

09
버지니아 울프

만약 바렛에게 가장 좋아하는 영국 작가를 딱 한 명만 꼽으라고 주문한다면 그는 주저하지 않고 '버지니아 울프'라고 답할 것이다. 울프는 바렛이 문학이나 문화에 대해 이야기할 때 어김없이 등장하는 작가다. 바렛이 자신의 홈페이지 첫 줄에 '미셸 바렛은 저명한 사회 이론가이자 버지니아 울프 연구자다'라고 스스로를 소개하듯, 울프는 연구자로서 바렛의 삶과 항상 함께해 왔다. 바렛은 버지니아 울프라는 작가를 대하는 독자의 시선을 지속적으로 수정하고 확장한다.

비평가 울프

바렛은 사회, 문화, 역사, 정치, 철학 등 다양한 분야에 걸쳐 해박한 식견을 지닌 문학 비평가이자 서평가로서 울프를 소개하고 재평가하는 데 주력해 왔다. 울프의 짧은 에세이와 서평을 모은 ≪버지니아 울프: 여성과 글쓰기≫(1979), 개별적으로 출간된 두 에세이를 한데 엮은 ≪버지니아 울프: ≪자기만의 방≫과 ≪3기니≫(Virginia Woolf: *A Room of One's Own* and *Three Guineas*)≫(1993)가 그 대표적 작업물이다. 바렛은 두 모음집 모두에서 작품 비평을 곁들인 긴 서문으로 울프의 에세이가 영문학과 비평, 페미니즘 문학 역사에 끼친 영향을 분석한다.

바렛은 ≪버지니아 울프: 여성과 글쓰기≫의 서문에서 동시대인들에게 당대 최고의 서평가이자 비평가로 평가받은 울프의 비평적 에세이들이 그가 죽은 이후에는 다소 무시당해 왔다고 본다. 이러한 경향은 20세기의 위대한 소설가로서 울프의 위상이나 그 생애와 죽음에 대한 깊은 관심, '블룸즈버리그룹(Bloomsbury Group)'과 맺은 관계에 대한 뜨거운 관심과 확연히 대조된다. 게다가 남성 비평가들은 울프의 소설들을 분석할 때 '여성적'이거나 '가정적'인 등장인물을 강조하면서 울프가 지닌 다른 측면을 지우려 시도했다. 이에 대해 바렛은 다음과 같이 분석한다.

> 그런 판단은 아마도 창조성의 아레나에 침입할 뿐 아니라 (이는 19세기 소설에 주요한 선례가 있다) 여성들은 거의 진입한 적 없는 비평, 논쟁 그리고 이론의 영역에 들어올 것이라 예상되는 여성에 대해 더 손쉽게 이루어진다.(Barrett, 1979: 2)

바렛은 ≪버지니아 울프: 여성과 글쓰기≫의 구성에서도 울프가 당대 여성들의 진입이 거의 허용되지 않았던 비평과 이론의 영역에 깊숙이 발을 담그고 있었다는 사실을 명백히 드러낸다. 이 책의 1부는 "여성과 픽션", "여성과 여가", "여성들의 지적 지위", "여성의 직업들", "남성과 여성", "여성 소설가들", "경솔함"이라는 에세이들로 구성되며 울프의 페미니즘적 인식과 비평적 관점 등을 강조한다. 그리고 2부에는 뉴캐슬의 공작 부인에서 도러시 리처드슨(Dorothy Richardson)에 이르는 여성 열다섯 명이 쓴 글에 대한 울프의 서평이 시대순으로 실려 있다. 바렛은 이러한 배치가 여성 작가들의 전통에 관심을 보이며 그 작품들을 역사적 맥락에서 살펴봐야 한다고 주장한 울프의 입장에 근거한다고 밝힌다.

울프는 여성 작가들이 처한 사회적 상황이나 시대적 분위기를 파악하려 노력했다. 비평가의 현재 시점이 아니라 작품이 쓰인 시기의 문학에 그 작품이 얼마나 기여했는지에 따라 작품을 평가하려 했다. 울프가 잘 알려지지 않은 여성 작가들의 삶이나 여성 작가들의 역할이 변화해 온 역사·전통에 보인 깊은 관심은 자연스레 문학의 역사를 새로 쓰는 작업으로 이어졌다.

그런데 여기서 바렛이 중요하게 짚는 지점이 있다. 울프가 그러한 작업을 통해 "잊힌 여성 작가들을 단순히 부활시켜 여성 글쓰기의 정전(canon)을 만들려 하는 것이 아니라 철저히 비평적 태도로 미학적 판단을 내리려 한다"(Barrett, 1979: 33)는 점이다. 이러한 맥락에서 여러 비평가들은 울프가 여성 작가들이 처한 사회적 상황에 대한 정치적 비평과 미학적 비평 사이에서 다소 애매한 태도를 보인다고 지적한다. 이러한 태도는 울프가 "완벽한 예술 작품은 분노나 쓰라림의 어떠한 간섭에도 영향받지 말아야 한다"며 샬럿 브론테(Charlotte Brontë)보다 제인 오스틴(Jane Austen)을 높게 평가한 것이나, ≪자기만의 방≫에서 외부의 어떤 구속에도 영향받지 않는 평정심, 자유로운 정신 혹은 양성성(androgyny)이 여성 작가의 궁극적 지향점이라고 표현한 것과도 연결된다.

바렛은 ≪타임스 리터러리 서플리먼트(The Times Literary Supplement)≫가 “영국에서 가장 탁월한 팸플릿 저자”라고 평가한 ≪3기니(Three Guineas)≫의 저자가 바로 울프임을 강조한다. 이어 울프의 저작이 오늘날 페미니즘 문학 비평에서도 해결되지 않고 있는 예술과 정치의 갈등을 담고 있기 때문에 여전히 우리의 관심을 끈다고 평한다(Barrett, 1979: 24).

≪자기만의 방≫이 영국 여성 문학의 전통을 여성의 시선으로 분석하면서 약간의 주저와 안타까움, 분노를 표현한다면, ≪3기니≫는 매우 단호하고 적극적인 어투의 정치적 글로서 특히 공적 교육의 억압성과 배타성이 전쟁을 조장하는 남성주의에 근거한다고 신랄하게 비판한다. 이러한 차이점에도 불구하고 바렛은 이 두 작품을 통틀어 “정치적 글쓰기”(Barrett, 1993: ix)로 규정한다.

여기서 한 발 더 나아가 바렛은 두 작품이 오늘날 페미니즘이 당면한 평등과 차이의 문제를 잘 구현한다고 본다. 1929년에 출간된 ≪자기만의 방≫에서 양성적 상태를 주장하던 울프가 1938년에 출간된 ≪3기니≫에서는 ‘사회적 아웃사이더’로서 여성이 지닌 차이의 힘을 강조하는 쪽으로 선회했다고 분석한다.

바렛의 울프 에세이 선집 작업은 그의 박사 학위 논문이 그러했듯 전 세계 울프 연구자들에게 선구적 작업으로서 큰 영향과 영감을 불러일으켰다. 바렛은 울프를 신경쇠약증에 걸린 예민한 모더니스트 소설가라는 이미지에서 구출해 비평가, 서평가, 페미니스트, 강연자로서 울프의 정치적 글쓰기를 복원하고 재평가한다.

디지털 시대의 울프

바렛의 울프 연구는 현재까지도 이어지고 있다. 특히 최근 몇 년 동안 <울프 노트 프로젝트>를 통해 관련 연구자들과 협업하면서 출판되지 않은 울프의 기록들을 디지털화하는 작업에 참여하고 있다. 이 프로젝트는 울프가 죽기 전까지 살았던 서식스의 멍크스 하우스 기록관, 뉴욕공립도서관의 버그 소장품(Berg Collection), 예일대학교 도서관, 스미스대학교 특별 소장품에서 7000페이지에 달하는 울프의 독서·연구 노트를 수집하고 디지털화해 참고 자료와 해석을 덧붙인 공동 작업이다. 그 최종 결과물이 2024년 7월 런던의 킹스칼리지에 무료 오픈 액세스로 공개되었다. 킹스칼리지의 해당 홈페이지는 다음과 같이 안내한다.

> 미셸 바렛, 브렌다 실버(Brenda Silver) 그리고 기술감독 길리 퍼스(Gilly Furse)가 주도한 이 작업은 주요한 디지털 인문학 프로젝트로서 울프의 남아 있는 마지막 미출간 작품, 즉 독서·연구 노트를 공공 영역으로 가져온다. 울프의 독서·연구 노트들은 그가 지닌 역사 지식의 깊이와 그의 광범한 독서를 보여 주면서 픽션과 비평 작업에 새로운 빛을 던진다.… [이 프로젝트는] 울프의 학술적 연구와 독서·연구의 광범한 성격을 입증하는 이 자료들을 무료로 누구에게나 접근 가능하게 개방함으로써 이 중요한 작가에 대한 공중의 인식을 변화시킬 것이다.(www.woolfnotes.com)

바렛은 매슈 펠드먼(Matthew Feldman)의 편저 ≪모더니스트들을 역사화하기(Historicizing Modernists)≫(2021)에 실린 논문 "울프 노트: 온라인으로 읽는 버지니아 울프의 독서·연구 노트(WoolfNotes: Virginia Woolf's Reading and Research Notes Online)"에서 이 프로젝트를 상세히 설명하며 그 중요성을 알렸다. 바렛은 프로젝트에서 특히 자신의 논문 "≪아프리카에서의 제국과 상업≫에 대한 버지니아 울프의 연구[Virginia Woolf's Research for *Empire and Commerce in Africa*(Leonard Woolf, 1920)]"의 심화 작업을 수행한다. 이는 울프가 남편 레너드의 저작을 위해 여러 연구와 조사를 했음을 직접적으로 보여 준다.

바렛은 이 프로젝트를 통해 울프가 교육받지 못했다는 (일부는 울프 스스로 만들어 낸) 신화를 수정하는 데 울프의 연구 노트가 지닌 중요성을 강조한다(Barrett, 2021: 23). 제국주의와 국제 무역에 대한 광범한 연구 노트, 아이스킬로스(Aeschylos)의 ≪아가멤논(Agamemnon)≫에 대한 독서 노트, 직접 작성한 색인 등 울프가 작성한 노트는 무려 67권에 달한다. 그중 33권은 서식스, 33권은 뉴욕공립도서관, 나머지 1권은 예일대학교 아카이브에 분산되어 있었다. 이 자료들은 오래되어 알아보기 힘든 손 글씨나 타이핑된 내용들을 분류·복원하고 참고 사항과 요약·해설을 첨가하는 힘든 과정을 거쳐 세상의 빛을 보게 되었다. 우리는 이 자료들을 통해 학구적이고 철저한 조사자이자 연구자로서 울프의 또 다른 모습을 보게 될 것이다.

참고문헌

Barrett, M.(ed. & trans.)(1979). *Virginia Woolf: Women and Writing.* A Harvest Book.

Barrett, M.(ed.)(1993). *Virginia Woolf: A Room of One's Own and Three Guineas.* Penguin.

Barrett, M.(2013). Virginia Woolf's Research for *Empire and Commerce in Africa*(Leonard Woolf, 1920). *Woolf Studies Annual, 19.*

Barrett, M.(2021). WoolfNotes: Virginia Woolf's Reading and Research Notes Online. In Feldman, M. et al. *Historicizing Modernists: Approaches to 'Archivalism'.* Bloomsbury.

Silver, B. R.(1983). *Virginia Woolf's Reading Notebooks.* Princeton UP.

<울프 노트 프로젝트> 홈페이지
https://www.woolfnotes.com/

10
전쟁

'전쟁'이라는 단어는 '버지니아 울프'와 더불어 사회학자이자 영문학자인 바렛의 연구 목록에 오래 자리해 왔다. 울프를 통해 전쟁이 인간과 문화 전반에 끼친 영향을 분석했던 바렛의 초기 관심사는 프로이트와 탈식민적 관점이라는 프리즘을 통과하면서 참전 군인의 트라우마와 인종차별적·민족차별적 전사자 처우에까지 이른다. 바렛의 탁월하고 의미 있는 작업은 전쟁이 '명령을 받은 자들'로서 집단화된 군인 개인의 삶과 가족에 불러온 변화와 죽음의 가치에 매겨지는 등급에 대해 다시금 생각하게 한다.

셸 쇼크

'셸 쇼크(Shell-shock)'는 폭발하는 포탄 가까이에 있던 병사가 보이지 않는 마음의 상처를 입은 이후 지속적으로 겪는 정신과 육체의 기능 장애를 가리킨다. 서부 전선의 군의관이었던 찰스 새뮤얼 마이어스(Charles Samuel Myers)가 처음으로 진단한 뒤 1915년 저명한 의학지인 ≪랜싯(The Lancet)≫에 실린 논문에서 이 용어를 사용했다(Barrett, 2007a: 11).

바렛은 ≪사상자 수: 다섯 명의 남자들은 어떻게 제1차 세계대전에서 살아남았는가(Casualty Figures: How Five Men Survived the First World War)≫에서 셸 쇼크를 겪은 세 명의 병사와 그것을 치료한 (혹은 겪기도 한) 두 명의 군의관을 통해 전쟁의 경험이 개인의 삶에 끼친 영향을 분석한다. 이 책에서 바렛은 생존자들로 돌아온 참전 군인들의 행적을 추적해 "전쟁에 참여한 이들이 그저 최종 통계로 집계되는 사망자, 부상자 또는 생존자가 아니라 저마다의 삶을 살아가는 개별 인간이었다는 진실을 깨닫게 한다" (하수정, 2018: 185). 바렛은 서문에서 자신이 이 책을 쓴 이유를 다음과 같이 밝힌다.

사망한 병사의 가족들은 기약 없이 시신의 부재와 더불어 살아가는 법을 배워야 했으며, 참전 병사들은 그들의 친구와 동지 그리고 신원 미상의 시체들과 더불어 제한된 시간의 삶을 살아야 했다. 그러한 죽음의 경험은 쉽게 극복되지 않는다. 이 책은 전쟁에서 죽은 자들에 관한 것이 아니라 그들의 죽음이 생존자들의 삶에 끼친 영향을 다룬다.(Barrett, 2007a: 33)

바렛은 참전 군인 다섯 명의 출생과 참전, 생존자로서 삶과 죽음에 이르는 행적을 추적해 '영광스러운 승리의 기쁨'이나 '무공훈장'으로 포장된 전쟁의 폭력적 이면을 들여다보게 한다. 바렛이 추적한 참전 군인 중 한 명인 더글러스 달링(Douglas Darling)의 생을 잠시 살펴보자.

달링은 1887년 사우스다코타주 애버딘(Aberdeen)에서 태어났다. 열일곱 살의 이른 나이에 브리티시컬럼비아로 건너가 목장을 구매한 다음 농한기인 겨울에는 밴쿠버에서 법무관으로, 나머지 시간에는 좋아하는 목장 경영을 하며 지냈다. 달링은 1915년 5월 입대해 1917년 4월 캐나다군이 격전을 벌인 끝에 상당한 성과를 거둔 프랑스의 비미능선 전투(Battle of Vimy Ridge)에 중위로서 참전했다. 기관총 중대를 지휘했으며, 무공훈장을 받고 1919년 4월 9일 제대했다.

달링의 신경은 제대 일주일 뒤부터 회복과 악화를 반복하다가 셸 쇼크로 나아갔다. 달링의 신체 상태는 그 이후에도 꽤 양호했지만, 그는 의사가 끝내 병명을 밝히지 못한 증상을 겪다가 제대한 지 6년 만인 1925년에 서른여덟 살의 나이로 사망했다. 가족들은 달링이 셸 쇼크로 사망했다고 믿었다. 바렛은 ≪사상자 수≫의 후기에서 비미 능선 전투에 전례 없이 많은 기관총이 사용되었으며, 당시 연발 사격을 담당한 달링이 상당한 스트레스에 노출되었다고 이야기한다(Barrett, 2007a: 153). 그러면서 만약 달링이 전사했더라면 비미 능선 기념비에 이름이 새겨진 11000명의 캐나다인들 사이에 있었을지도 모른다고 덧붙인다.

바렛의 이러한 주장은 기존 관념에 타격을 가하는 매우 충격적인 관찰이다. 달링은 영광스러운 승리자이자 생존자로 '분류'되었지만 어찌 보면 그는 그저 뒤늦게 사망했을 뿐인 전사자일지도 모른다. 바렛이 '죽은 자와 살아남은 자의 차이점에 대해 어떻게 생각해야 할까'라는 질문을 던지는 이유가 여기에 있다. 죽음은 오랫동안 우리가 전쟁을 기억하는 방식의 핵심이었다. 따라서 전사자들을 기념하는 일이 최우선 순위를 차지했다. 하지만 바렛에 따르면 최근 몇 년 동안 전쟁은 사상자 목록, 묘비, 전쟁 기념관이 아니라 더 광범한 인간적 결과의 관점에서 조명되기 시작했다(Barrett, 2007a: 156). 바렛은 우리가 전쟁을 기억하고 기념하는 방식에 대해 근본적인 질문을 던지며 전쟁의 의미를 변화시키는 일에 적극적으로 뛰어든다.

전쟁 기념과 인종차별

바렛은 전쟁과 비인간화, 전쟁과 인종차별의 문제에 관한 연구에 본격적으로 착수했다. 2007년 "전쟁에서의 서발턴(Subalterns at War)"이라는 논문을 시작으로 여러 편의 논문을 출판했으며, 2020년부터 2021년까지 영연방전쟁묘지위원회의 위원으로 활동했다. 그 과정에서 신분과 계급을 불문하고 전사자를 평등하게 취급한다는 위원회의 정책에 따라 조성된 아름다운 기념비와 묘지의 대상이 실상은 백인 유럽인에 한정되었고, 제1차 세계대전에 참전하거나 기여한 수십만 명의 인도, 아프리카, 기타 식민지 출신 군인들은 고의로 잊히거나 '실종자'로 처리되었음을 발견한다.

그 연구 결과는 영국의 지상파 방송국 '채널 4'에서 <기억되지 않는 사람들(The Unremembered)>이라는 다큐멘터리로 제작되었다. 이 다큐의 내레이터이자 해설자인 데

이비드 래미(David Lammy)는 "제1차 세계대전의 처음과 마지막 총포는 아프리카에서 발사되었으며, 수십만 명의 남성, 여성, 아이들이 강제로 무기, 침구, 보급품 등을 나르는 짐꾼이나 군인으로 전쟁터에 끌려가 사망했다. 실제로 케냐나 탄자니아에 훌륭한 국립묘지가 조성되어 있지만 거기에 흑인 아프리카인들을 위한 공간은 어디에도 없다"고 말한다.

1917년에 설립된 제국전쟁묘지위원회[명목상 식민지까지 포함하기 위해 '제국'이라는 이름을 붙였고 이는 1960년 이후 '연방(commonwealth)'으로 바뀐다]는 묘지를 단장하는 일과 실종자를 추모하는 일을 했다. 설립자 페이비언 웨어 경(Sir Fabian Ware)은 1920년 "모든 전사자는 이름이 새겨진 묘비나 기념물을 가질 것, 모든 묘비나 기념물은 영구적일 것, 묘비는 똑같은 모양일 것, 사회적 신분과 군대 내 계급, 종교적 신념에 따른 어떠한 구분도 없어야 할 것"(Barrett, 2007b: 453)이라는 평등주의적 원칙을 세웠다. 그러나 바렛이 위원회에 참여하면서 확인한 바로는 그 원칙에서 아프리카인을 포함한 원주민 출신 전사자들은 제외되었다.

바렛은 다큐멘터리의 역사 컨설턴트로서 작성한 브리핑 논문 "아프리카에서 실종자로 알려지다(Sent Missing in Africa)"에서 제1차 세계대전에 군인이나 짐꾼으로 참여한 20만 명이 넘는 아프리카인들이 개인 묘지를 가질 정도로 "문명의 단계"에 도달하지 못했다는 주장 아래 아무런 표식도 없이 "자연으로 돌아갔다"(Barrett, 2020: 2)고 말한다. 특히 유럽이 아닌 곳에서 어떤 무덤이 유지될 수 없다고 결정되면 (그 결정은 주로 피부색과 관련되었다) 일단 그 무덤의 주인은 '실종자(missing)'로 처리되어 위원회 지사에 알려졌다고 한다(Barrett, 2020: 3).

바렛에 따르면 이러한 '백인 무덤'과 '원주민 무덤' 사이 차별에 대한 연구는 제1차 세계대전을 탈식민주의의 시각으로 재해석하면서 그 전쟁에 대한 관심을 서부 전선에서 동부 전선으로 옮기는 일과 관련된다(Barrett, 2007b: 452). 전사자들의 묘비 조사는 '평등'과 '휴머니즘', '인류애' 같은 말이 실제로는 제한된 맥락을 지니거나 전혀 다른 맥락을 차단하는 데 사용되었음을 드러낸다.

인도, 솔로몬제도, 서인도제도, 마셜제도 등 영국의 여러 식민지가 전쟁터였고 수만 명 이상의 아프리카 원주민과 인도인이 전사했지만 이들의 죽음에는 이름이 붙여지지 않았다. 영국 군대 계급 체계에서는 중위를 '서발턴'이라고 부르는데, 바렛은 인도군이야말로 목소리·행위를 거부당하는 종속적 형태를 가리키는 스피박의 '서발턴성

(subalternity)'이 영국식 계급 정의와 조우하는 지점이라고 본다. '분할되지 않는 인도의 군대(Armies of Undivided India)'라고 불린 당시 인도군 연대는 1914년 전쟁 발발 당시 민족과 카스트에 따라 군인으로 조직되었다. 이 위계는 '모든 장교는 유럽인'이라는 상위 계급 질서에 지배되었다. 따라서 인도 용병인 세포이들(Sepoys)은 결코 장교가 될 수 없었고 (전쟁 후반기인 1917년에는 더러 왕의 허가를 받아 장교가 되기도 했다) 그들이 올라갈 수 있는 최고의 계급은 소대 지휘관이었다(Barrett, 2007b: 456).

1914년 마르세유항에 도착한 세포이들은 프랑스에 15개월 동안 주둔하면서 뇌브 샤펠(Neuve Chapelle) 탈환에 성공했다. 뇌브샤펠기념관에는 5000명 이상의 인도인들의 이름이 기록되어 있다. 이 기념관의 이름은 원래 '뇌브샤펠인도기념관(Neuve Chapelle Indian Memorial)'이었으나, 인도와 파키스탄이 분리된 이후 파키스탄 측 대표의 요청에 따라 '파키스탄'을 넣는 대신 아예 '인도'를 없애 버렸다고 한다. 더구나 두 나라 대표가 점심 식사를 하던 중에 삭제에 대한 결정이 이루어졌다고 하니(Barrett, 2007b: 459) 참으로 할 말이 없긴 하다.

그래도 외국 방문객이 많은 유럽에 위치한 이 기념관에는 5000명 병사들의 '이름'이 다 적혀 있다. 반면 이라크 바스라 지역에 위치한 인도 기념관에는 프랑스 장교와 인도 장교는 이름으로, 인도 병사들은 소속 연대 아래 숫자로만 기록되어 있다. 이 기록 과정의 책임자였던 아서 브라운(Arthur Browne)은 무덤이 있지만 묘비는 없는 원주민 병사들의 이름을 묘지 등록부에서도 빼 버려 개인 묘비를 세우기는커녕 이들을 숫자화하는 자신의 행위를 정책이라는 이름 아래 합리화했다. 실제 묘지가 있는 전사자도 이 정책에 따라 버려지거나 '실종자'로 처리되었던 것이다. 바렛은 이 일을 제국전쟁묘지위원회가 정책을 통해 지속적으로 '인도'라는 이름을 지우고 침묵시켜 '서발턴화'한 사례로 제시한다.

이러한 바렛의 작업은 우리에게 익숙한 역사가 처음에는 권력이 있는 어떤 개인이나 집단에 의해 만들어지며, 그로부터 이익을 얻거나 혹은 그것에 익숙해진 사람들에 의해 지속적으로 사용되고 확산되어 담론 형태로 정착한다는 점을 구체적으로 보여 주는 실천적 사례다.

참고문헌

하수정(2018). "전쟁의 우울: ≪댈러웨이 부인≫과 '젠더화된' 신경증". ≪영미어문학≫, *131*.

Barrett. M.(2007a). *Casualty Figures: How Five Men Survived the First World War*. Verso.

Barrett, M.(2007b). *Subalterns at War: First World War Colonial Forces and the Politics of the Imperial War Graves Commission*. Routledge.

Barrett, M.(2020). Sent Missing in Africa: Briefing Paper for *The Unremembered*.
https://www.michelebarrett.com/war-graves/

미셸 바렛 소개 홈페이지
https://www.michelebarrett.com/

미셸 바렛(Michèle Barrett, 1949~)

저명한 사회학자이자 문화 이론가, 버지니아 울프 연구자다. 현재 런던대학교 퀸메리칼리지의 명예교수로, 현대 문학과 문화 이론을 가르치고 있다. ≪오늘날의 여성 억압: 마르크스주의 페미니즘 분석의 문제점들≫(1980)에서 페미니즘과 마르크스주의의 결합 가능성을 부단히 모색했으나, 알튀세르와 푸코를 접하면서 고전적 마르크스주의를 포기했다. 이후 이데올로기와 담론, 재현 개념을 중심으로 '차이'의 페미니즘과 문화 이론에 천착했다. 버지니아 울프 에세이 모음집을 발간해 울프 문학의 유물론과 페미니즘을 최초로 소개했다. 최근 몇 년간 <울프 노트 프로젝트>에 참가해 울프의 미출간 기록물을 디지털 아카이브로 구축하는 데 전념해 왔다. 2020년 영연방전쟁묘지위원회 위원으로 활동하면서 전쟁과 인종차별 문제를 구체적으로 이론화하는 등 지식을 현실과 결합하려는 노력을 게을리하지 않는다.

하수정

경북대학교 대학원에서 문학 석사·박사 학위를 받았다. 현재 대구가톨릭대학교 강의전담교수로 재직하며 실용 영어를, 대구대학교에서는 문학과 영화 관련 과목을 강의하고 있다. 페미니즘과 문학 비평, 문화 이론에 관심이 있다. 공동 번역서로 장자크 르세르클의 ≪들뢰즈와 언어≫(2016)와 미셸 바렛의 ≪다시 보는 여성학: 페미니즘과 마르크스주의의 만남≫(2005)이 있다. 논문으로는 “도시 산책자의 눈에 비친 두 도시: 벤야민의 파리와 울프의 런던”(2022), 스피박의 관점에서 포스트식민주의 페미니즘을 살펴본 “≪포(Foe)≫와 포스트식민주의 페미니즘: 재현으로서의 침묵”(2021), 지역 학술지를 중심으로 페미니즘 연구 동향을 분석한 “페미니즘 연구에 관한 비판적 고찰: ≪영미어문학≫을 중심으로”(2019), 문화 비평가로서 버지니아 울프를 분석한 “문학/문화 비평가로서 버지니아 울프”(2009) 등이 있다.